욥기 1

일러두기

● 이 교재는 《박영선의 욥기 설교》에서 채택한 본문으로 구성되었습니다.

● 이 책에서는 개역개정판 성경을 인용하였습니다.

● 성경을 인용할 때, 절의 전체를 인용한 경우에는 큰따옴표(" ")로,
절의 일부를 인용한 경우에는 작은따옴표(' ')로 표기하였으나
예수님이 직접 하신 말씀을 인용한 경우에는 때에 따라 큰따옴표로 표기하였습니다.

● 본문에 《 》로 표기된 것은 도서를, 〈 〉로 표기된 것은 도서 외 작품을 가리킵니다.

성경공부 시리즈 114

욥기 1

2023년 9월　5일 초판 1쇄 인쇄
2023년 9월 19일 초판 1쇄 발행

지은이 박영선

기획 강선, 박병석, 안성희, 오민석, 최충만

편집 문선형, 정유진

디자인 잔

제작 강동현

펴낸이 최태준

펴낸곳 무근검

주소 서울특별시 송파구 올림픽로 4길 17, A동 301호

홈페이지 www.facebook.com/lampbooks **전화** 02 - 420 - 3155 **팩스** 02 - 419 - 8997

등록 2014. 2. 21. 제2014 - 000020호

ISBN 979 - 11 - 87506 - 97 - 3 03230

무근검은 남포교회출판부의 새로운 이름입니다.

무근검은 '하나님의 영광은 무겁고 오래된 칼과 같다'라는 뜻입니다.

성경공부 시리즈 114

욥기 1

JOB 1 - 14

The Book
of JOB

박영선 지음

들어가는 말

이 책은 남포교회 구역 모임을 위한 교재입니다. 욥기 강해 설교집인 《박영선의 욥기 설교》를 저본으로, 신앙생활에서 잊지 말아야 할 가르침과 교회 생활을 하며 함께 생각해 보아야 할 점들을 염두에 두고 열한 장을 가려 뽑았습니다. 욥기를 더 깊이 공부하길 원하는 분은 위의 설교집을 읽으면 도움이 될 것입니다. 이 공부를 통해 신앙의 핵심을 되새기고 더욱 풍성한 교회 생활을 누리기 바랍니다.

차례

01 고난_
하나님의 흔드심

1 우스 땅에 욥이라 불리는 사람이 있었는데 그 사람은 온전하고 정직하여 하나님을 경외하며 악에서 떠난 자더라 2 그에게 아들 일곱과 딸 셋이 태어나니라 3 그의 소유물은 양이 칠천 마리요 낙타가 삼천 마리요 소가 오백 겨리요 암나귀가 오백 마리이며 종도 많이 있었으니 이 사람은 동방 사람 중에 가장 훌륭한 자라 4 그의 아들들이 자기 생일에 각각 자기의 집에서 잔치를 베풀고 그의 누이 세 명도 청하여 함께 먹고 마시더라 5 그들이 차례대로 잔치를 끝내면 욥이 그들을 불러다가 성결하게 하되 아침에 일어나서 그들의 명수대로 번제를 드렸으니 이는 욥이 말하기를 혹시 내 아들들이 죄를 범하여 마음으로 하나님을 욕되게 하였을까 함이라 욥의 행위가 항상 이러하였더라 6 하루는 하나님의 아들들이 와서 여호와 앞에 섰고 사탄도 그들 가운데에 온지라 7 여호와께서 사탄에게 이르시되 네가 어디서 왔느냐 사탄이 여호와께 대답하여 이르되 땅을 두루 돌아 여기 저기 다녀왔나이다 8 여호와께서 사탄에게 이르시되 네가 내 종 욥을 주의하여 보았느냐 그와 같이 온전하고 정직하여 하나님

을 경외하며 악에서 떠난 자는 세상에 없느니라 **9** 사탄이 여호와께 대답하여 이르되 욥이 어찌 까닭 없이 하나님을 경외하리이까 **10** 주께서 그와 그의 집과 그의 모든 소유물을 울타리로 두르심 때문이 아니니이까 주께서 그의 손으로 하는 바를 복되게 하사 그의 소유물이 땅에 넘치게 하셨음이니이다 **11** 이제 주의 손을 펴서 그의 모든 소유물을 치소서 그리하시면 틀림없이 주를 향하여 욕하지 않겠나이까 **12** 여호와께서 사탄에게 이르시되 내가 그의 소유물을 다 네 손에 맡기노라 다만 그의 몸에는 네 손을 대지 말지니라 사탄이 곧 여호와 앞에서 물러가니라 **13** 하루는 욥의 자녀들이 그 맏아들의 집에서 음식을 먹으며 포도주를 마실 때에 **14** 사환이 욥에게 와서 아뢰되 소는 밭을 갈고 나귀는 그 곁에서 풀을 먹는데 **15** 스바 사람이 갑자기 이르러 그것들을 빼앗고 칼로 종들을 죽였나이다 나만 홀로 피하였으므로 주인께 아뢰러 왔나이다 **16** 그가 아직 말하는 동안에 또 한 사람이 와서 아뢰되 하나님의 불이 하늘에서 떨어져서 양과 종들을 살라 버렸나이다 나만 홀로 피하였으므로 주인께 아뢰러 왔나이다 **17** 그가 아직 말하는 동안에 또 한 사람이 와서 아뢰되 갈대아 사람이 세 무리를 지어 갑자기 낙타에게 달려들어 그것을 빼앗으며 칼로 종들을 죽였나이다 나만 홀로 피하였으므로 주인께 아뢰러 왔나이다 **18** 그가 아직 말하는 동안에 또 한 사람이 와서 아뢰되 주인의 자녀들이 그들의 맏형의 집에서 음식을 먹으며 포도주를 마시는데 **19** 거친 들에서 큰 바람이 와서 집 네 모퉁이를 치매 그 청년들 위에 무너지므로 그들이 죽었나이다 나만 홀로 피하였으므로 주인께 아뢰러 왔나이다 한지라 **20** 욥이 일어나 겉옷을 찢고 머리털을 밀고 땅에 엎드려 예배하며 **21** 이르되 내가 모태에서 알몸으로 나왔사온즉 또한 알몸이 그리로 돌아가올지라 주신 이도 여호와시요 거두신 이도 여호와시오니 여호와의 이름이 찬송을 받으실지니이다 하고 **22** 이 모든 일에 욥이 범죄하지 아니하고 하나님을 향하여 원망하지 아니하니라 (욥 1:1-22)

욥기 1장에는 욥기를 이해하는 데에 필요한, 중요한 전제가 깔려 있습니다. 욥은 자기의 고난에 대해 아무런 원인을 갖고 있지 않다는 것입니다. 앞으로 일어나게 될 욥의 고난이 그에게 책임이 있다거나 이유가 있다고 말할 수 없다는 암시를 1장 서두에 미리 해 놓았습니다. 욥기는 욥이 잘했지만 그래도 그에게 뭔가 부족한 점이 있더라는 이야기를 하는 데 관심이 있지 않습니다.

마지막 장인 42장도 중요합니다. 결국 욥이 갑절로 복을 받았다는 이야기를 합니다. 욥이 무엇을 잘못했다는 이야기는 없습니다. 하나님이 욥에게 모든 창조 세계를 보여 주시면서 하신 답은 이것입니다. '너는 저 피조물들과 다르다. 지금 내가 너에게 보여 주는 저 모든 것과 너는 다르다. 너는 내 옆에서 나와 함께 다스리는 자다.' 귀한 손님이 집에 찾아오면 집안의 보물이

나 진귀한 것을 꺼내 보여 주듯이 욥에게 다른 피조물들을 보여 주시면서 '너는 저들과 다르다'고 하신 것입니다.

욥기는 1장 중반부터 욥이 여러 어려움과 재앙을 겪는 모습을 보여 줍니다. 이런 힘든 과정이 내내 이어지다가 42장에 가서야 결론에 이릅니다. 욥은 하나님이 마련해 두신 궁극적 자리에 이르기까지 긴 과정이 필요했습니다. 우리도 하나님이 원하시는 자리에 가기 위해서는 이런 과정을 꼭 겪어야 합니다. '꼭'이라는 단어 때문에 당황스러울 수 있겠지만, 인생에 쉬운 길이란 없습니다. 이 길을 통과해야 합니다. 이 길은 하나님의 뜻이고 하나님의 방법입니다. 이런 큰 그림을 가지고 욥기를 시작해야 합니다. 욥기를 읽으면서 하나님이 당신의 자녀에게 복 주기 위하여 어떤 과정을 요구하시는가를 놓치면, 이 책은 어떤 사람이 괜히 고생한 이야기에 불과해집니다.

까닭 없이

욥기는 하늘에서 열린 회의에 사탄이 들어오는 장면으로 시작합니다. 하나님이 사탄에게 묻습니다. "너는 왜 그렇게 바쁘게 돌아다니냐?" 이해하기 쉽게 풀어 보면 '너는 왜 그렇게 내 통치를 누리지 못하느냐. 왜 만족하지도 순종하지도 않고, 늘 발 벗고 나서서 휘젓고 다니느냐'는 뜻입니다. 그러면서 하나님은 "욥을 봐라" 하십니다. 사탄이 대답합니다. "욥이 까닭 없이 잘하겠습니까? 하나님이 잘해 주시니까 잘하죠." 이 대답 속에는 '제가 괜히 그러겠습니까? 하나님이 제 마음에 안 들게 구셔서 그렇죠'라는 반항이 들어 있습니다. 사탄은 지금 욥과 싸우는 게 아니라 하나님과 논쟁을 벌이고 있습니다. "너는 왜 그 모양이냐?" "저는 하나님이 마음에 안 듭니다." "욥은 잘하지 않느냐?" "욥을 쳐 보십시오. 그가 까닭 없이 하나님 앞에 순종하겠습니까?" 이렇게 욥기가 시작됩니다.

'까닭 없이'라는 말은 어렵습니다. '이유 없이'라는 뜻인데, 사탄의 말은 욥이 하나님을 섬기는 데에는 그만한 이유가 있기 때문이라는 것입니다. 하나님을 섬기는 데 항복하고 수긍할 만한 충분한 조건이 채워졌기 때문에 욥이 순종한다는 뜻입니다. 사탄은, 욥에게서 그 조건을 거두어 가면 욥은 반드시 하나님을 원망할 것이라면서 하나님을 부추깁니다. 하나님은 사탄의 제안을 받아들여 욥에게서 그 조건을 제거하는 일을 허락하십니다. 여기에서 '조건'은 사탄이 불만으로 생각하는 것들을 가리킵니다. 사탄에게도 주었더라면 사탄 역시 만족했을 요건 말입니다. 하나님이 제거한 것은 하나님 쪽에서 볼 때는 조건이 아니지만 사탄에게나 욥에게는 조건이었습니다. 이후 닥치게 되는 재난에 대한 욥의 반응에서 보듯이 말입니다.

하나님은 조건으로 여기지 않으시는데 우리가 조건으로 여기는 것들 때문에 고난이 있습니다. 이 고난을 통과해야 하나님과 우리의 관계가 우리가 생각하는 조건이 아닌, 하나님이 우리에게 요구하시는 것에 의하여 유지된다는 깨달음에 이르게 됩니다. 이 깨달음이 없으면 우리는 우리가 조건으로 삼는 것을 그저 충족하기 바쁠 것입니다. 10절에 '주께서 그와 그의 집과 그의 모든 소유물을 울타리로 두르심 때문이 아니니이까' 하는 말씀에서 '울타리로 두르심'이라는 표현은 사탄의 이해 범주를 보여 줍니다. 즉 하나님이, 욥이 가진 이해의 범주를 만족시켰기 때문이라는 것입니다. 뒤집어 생각해 보면 사탄은 하나님을 향하여 '제게는 하나님이 그 울타리를 둘러 주지 않으셨습니다' 하고 불평하는 셈입니다.

욥기를 읽다 보면 우리의 이해 범주가 드러날 것입니다. 우리의 조건이 충족되지 못할 때, 우리는 사탄처럼 불평할 수도 있고, 욥처럼 한탄할 수도 있습니다. 욥은 그 비명 속에서 진정한 이해의 범주를, 즉 자신의 틀을 넘어서서 하나님의 이해 범주와 통치의 깊이를 깨닫게 됩니다. 그 비명이 자기의 욕심을 채우지 못해 지르는 불평에 불과하다면 그는 사탄에 방불할 것입니다. 불평을 넘어서 깨달음에 이르게 하려고 고난이 있습니다. 이것은 모든 성도가 선택의 여지없이 거쳐야 할 과정입니다. 이 이야기를 로마서 5장에서 확인해 볼 수 있습니다.

> 그러므로 우리가 믿음으로 의롭다 하심을 받았으니 우리 주 예수 그리스도로 말미암아 하나님과 화평을 누리자 또한 그로 말미암아 우리가 믿음으로 서 있는 이 은혜에 들어감을 얻었으며 하나님의 영광을 바라고 즐거워하느니라 다만 이뿐 아니라 우리가 환난 중에도 즐거워하나니 이는 환난은 인내를, 인내는 연단을, 연단은 소망을 이루는 줄 앎이로다 (롬 5:1-4)

우리는 이미 의롭다 하심을 얻은 자이며 예수 그리스도로 말미암아 하나님과 화평을 누리는 자입니다. 또한 하나님의 영광을 바라고 즐거워하는 약속과 소망 가운데 있습니다. 이렇게 이미 일어난 일과 장차 우리가 누릴 영광 사이가 현재인데, 이 현재의 상황을 '환난 중에도 즐거워하나니'라고 묘사합니다. 성경이 현재에 대해 이렇게 선언하였기 때문에 이미 얻은 구원과 그 구원의 영광된 성취 사이는 '환난'이라고 말할 수밖에 없습니다. 왜 꼭 환난이어야만 할까요? 환난을 통해서만 인내를, 인내가 연단을, 연단이 소망을 이루기 때문입니다. 소망은 그 앞에 나온 '하나님의 영광'을 목적으로 합니다. 환난이 인내를 만들고, 인내가 연단을 만드는 과정 속에서 우리는 자신의 이해 범주를 깨고, '까닭 없이'라고 제시된 사탄의 고소의 근거를 깨고, 우리의 욕심과 조건을 깨고 하나님의 뜻과 넘치는 지혜 안으로 인도함을 받게 될 것입니다.

하나님의 명예를 욥에게 걸다

욥기 후반부에 하나님이 욥에게 "너는 우박 창고를 보았느냐?"라고 물으시고, 또 "너는 내가 지은 짐승들을 봐라!" 하고 말씀하시는 장면이 나옵니다. 하나님이 우리에게 당신이 창조하신 세계를 보라는 말에는 어떤 의미가 들어 있을까요? 인간은 분명 창조물 중 하나임에도 불구하고 다른 모든 창조물과 구별되는 존재 곧 하나님 통치의 대리자로 명명받은 것을 깨달으라는 뜻이 들어 있습니다. 하나님은 우리를 동역자로, 대등한 동반자로 부르십니다. 우리가 '하나님의 형상으로 지음받았다'는 말이 바로 이 뜻입니다. 하나님은 우리에게 통치와 결정, 선택의 자유까지 허락하셔서 우리를 다른 피조물과 구별하십니다. 이것은 굉장히 놀라운 지위입니다. 그런데 우리는 이 지위를 버리고 그냥 편안하게, 우리가 가진 이해의 범주 내에서 우리가 할 수 있는 일을 행하는 것으로 만족하려고 합니다. 우리가 기대하고 소원하는 결과를 하나님에게서 얻으려고 그 울타리 안에 있고 싶어 하는 것입니다.

사탄이 하나님의 통치에 순종할 수 없는 이유로 제시한 답을 가지고 하나님은 어떻게 하십니까? 그 답을 욥의 인생에 거십니다. 욥의 인생이, 사탄이 옳은가 하나님이 옳은가를 증명하는 내기에 사용된 셈입니다. 욥은 억울할 수 있습니다. 욥이 잘못하면 사탄이 이기고 욥이 잘하면 하나님이 이기는 싸움에 걸려들어서 고생하게 된 것입니다. 그런데 사탄이 자신의 잘못과 짐을 덜 핑계로 욥을 끌어들인 것과 다르게, 하나님은 당신의 하나님 되심을 욥이라는 한 인간에게 거셨다는 것을 기억해야 합니다. 하나님은 당신의 명예를 욥이라는 한 인간에게 걸고 계신 것입니다. 그의 한계와 변덕과 연약함에도 불구하고 말입니다.

이 지점에서 '까닭 없이 인간이 잘할 리 없다'는 사탄의 도전에 맞서 욥에게 재난을 허락하시는 하나님의 이해 범주가 우리의 이해 범주와 어떻게 다른가가 드러납니다. 하나님은 우리로 당신을 이해하게 하시기 위하여 우리가 깨기 싫어하는 그 이해의 범주를 깨트리십니다. 그래서 욥은 고난을 당하게 됩니다. 하지만 이를 통해 인간이 자신의 이해 범주를 벗어나 하나님의 이해 범주로 들어올 수 있는 길이 열립니다. 곧 고난을 통해서만 들어올 수 있는 그 길을 하나님이 열기로 하신 것입니다.

우리 모두가 욥

그러니 어려움에 직면하십시오. 살 가치가 있다는 것이 무엇인지, 나는 누구인지, 나는 어떻게 되어야 하는 존재인지를 생각하십시오. 세상에서는 이런 것이 기껏해야 대의나 도덕으로 나타납니다.

대개 대의나 도덕은 자신의 성숙을 위해 도모하는 가치가 아니라 다른 사람들을 향해 자기 증명을 하는 가치에 불과합니다. 우리 영혼은 대의나 도덕으로 만족할 수 없습니다. 기독교 신앙 안에 들어와야 비로소 하나님이 나를 얼마나 위대하게 만드셨는가를 발견하고, 그 안에서 가장 근본적인 가치를 확인하게 됩니다.

그렇다면, 우리는 하나님의 목적에 따라 가치를 확인하며 위대하게 살아가고 있을까요? 보통 우리는 가족이라는 관계로 묶여 있기 때문에 도망갈 수 없는 책임 아래에서 전전긍긍하며 살아갑니다. "산다는 게 얼마나 힘이 드는가?" 그 이야기를 하게 됩니다. 그러다가 우리가 할 수 있는 게 별것 아니라는, 자신의 이해 범주를 깨트리는 하나님의 손길을 만나게 됩니다. 왜 하나님은 내가 이 고달픈 인생을 계속 살도록 방치하시는가, 왜 나는 오늘도 공중의 새를 바라보며 마음을 다스려야 한단 말인가를 생각하게 됩니다.

우리는 고통스러울 때면, 차라리 내게 생각할 능력이 없었더라면, 내가 다만 저 비둘기였다면, 다만 저 매미였다면, 그저 한 줌의 먼지였다면, 하는 식으로 생각합니다. 그런데 이런 고달픔이야말로, 하나님이 우리를 한낱 그렇고 그런 존재로 만들지 않았다는 것을 보게 하시려는 하나님의 흔드심입니다. 여기에 우리가 붙들려 온 것입니다. 교회에 와야만 비로소 이 도전 앞에 서는 것이 아닙니다. 매일의 삶에서 하나님이 이 손길로 우리의 심령을 깨우십니다. "일어나라. 답하라. 너는 아직도 네 생각과 네 확인 속에 숨어 내가 너를 만든 뜻을 외면하고 도망갈 수 있다고 생각하느냐?" 이 부름의 자리에 불려 와 있는 것입니다.

'하나님, 이만하면 됐습니다'라는 기준은 우리가 정하는 것이 아닙니다. 그러니 하루하루 열심히 살아가십시오. "도대체 어떻게 하라는 말입니까?" 하며 고민하고 울부짖으십시오.

욥기에는 욥의 이런 비명이 한참 동안 계속됩니다. 그러니 우리도 그렇게 비명 지를 수 있습니다. 필요한 과정입니다. 이 길로 들어가야 환난은 인내를, 인내는 연단을, 연단은 소망을 이룹니다. 우리는 지금 어디쯤에 와 있을까요? 환난에 있을까요, 인내에 있을까요, 연단에 이르렀을까요? 나이가 들어 모든 것을 놓아야 할 때가 되면 하나님이 다만 우리를 소모하여 쇠진하게 하고 탈진하게 하신 것이 아니라, 우리를 정금같이 제련하려고 일하셨다는 사실 앞에 감사함으로 서게 될 것입니다. 이런 인생이 우리 모두에게 허락된 줄 아는 기대와 믿음과 각오가 있기를 바랍니다.

질문하기

1.

욥기를 이해하는 데에 필요한, 중요한 전제는 무엇입니까?

2.

욥은 하나님의 이해 범주와 통치의 깊이를 어떻게 깨닫게 됩니까?

3.

하나님은 욥이라는 한 인간에게 무엇을 걸고 계십니까?

나누기

하나님이 나의 이해 범주를 깨트리신 경험이 있다면 함께 나누
어 봅시다.

02 고난_
하나님의 일하심

1 또 하루는 하나님의 아들들이 와서 여호와 앞에 서고 사탄도 그들 가운데에 와서 여호와 앞에 서니 2 여호와께서 사탄에게 이르시되 네가 어디서 왔느냐 사탄이 여호와께 대답하여 이르되 땅을 두루 돌아 여기 저기 다녀 왔나이다 3 여호와께서 사탄에게 이르시되 네가 내 종 욥을 주의하여 보았느냐 그와 같이 온전하고 정직하여 하나님을 경외하며 악에서 떠난 자가 세상에 없느니라 네가 나를 충동하여 까닭 없이 그를 치게 하였어도 그가 여전히 자기의 온전함을 굳게 지켰느니라 4 사탄이 여호와께 대답하여 이르되 가죽으로 가죽을 바꾸오니 사람이 그의 모든 소유물로 자기의 생명을 바꾸올지라 5 이제 주의 손을 펴서 그의 뼈와 살을 치소서 그리하시면 틀림없이 주를 향하여 욕하지 않겠나이까 6 여호와께서 사탄에게 이르시되 내가 그를 네 손에 맡기노라 다만 그의 생명은 해하지 말지니라 7 사탄이 이에 여호와 앞에서 물러가서 욥을 쳐서 그의 발바닥에서 정수리까지 종기가 나게 한지라 8 욥이 재 가운데 앉아서 질그릇 조각을 가져다가 몸을 긁고 있더니 9 그

의 아내가 그에게 이르되 당신이 그래도 자기의 온전함을 굳게 지키느냐 하나님을 욕하고 죽으라 **10** 그가 이르되 그대의 말이 한 어리석은 여자의 말 같도다 우리가 하나님께 복을 받았은즉 화도 받지 아니하겠느냐 하고 이 모든 일에 욥이 입술로 범죄하지 아니하니라 **11** 그 때에 욥의 친구 세 사람이 이 모든 재앙이 그에게 내렸다 함을 듣고 각각 자기 지역에서부터 이르렀으니 곧 데만 사람 엘리바스와 수아 사람 빌닷과 나아마 사람 소발이라 그들이 욥을 위문하고 위로하려 하여 서로 약속하고 오더니 **12** 눈을 들어 멀리 보매 그가 욥인 줄 알기 어렵게 되었으므로 그들이 일제히 소리 질러 울며 각각 자기의 겉옷을 찢고 하늘을 향하여 티끌을 날려 자기 머리에 뿌리고 **13** 밤낮 칠 일 동안 그와 함께 땅에 앉았으나 욥의 고통이 심함을 보므로 그에게 한마디도 말하는 자가 없었더라 (욥 2:1-13)

욥기 1장에서는 욥을 두고 하나님과 사탄 사이에 일종의 내기가 벌어져 욥이 까닭 없이 억울하게 고난을 받게 되었다고 말했습니다. 그럼에도 욥은 범죄하지 않았고 하나님 앞에 자신의 신앙을 지켰습니다.

떼어 내려는 사탄과 붙드시는 하나님

본문은 다시 하늘에서 열린 회의에서 하나님이 사탄에게 "그것 봐라. 이 어려움에도 불구하고 욥은 믿음을 지키지 않았느냐?"라고 말하는 장면으로 시작합니다. 그러자 사탄이 '가죽으로 가죽을 바꾸오니 사람이 그의 모든 소유물로 자기의 생명을 바꾸올지라'라고 대꾸합니다. '본체를 치십시오. 옷을 찢어 봤자 새 옷으로 갈아입으면 그만 아닙니까? 사람은 자기 생명을 지키는 일이라면 자기가 가진 모든 것을 버립니다. 그의 뼈와 살을 치시면, 그는 당장 주님을 저주하고 말 것입니다' 하는 이야기입니다. 그러자 하나님이 "그래?" 하고 응하시면서 고통스러운 제2라운드가 시작됩니다. "좋다. 그러나 그의 생명은 건드리지 못한다." 이렇게 욥의 새로운 고난이 시작됩니다.

1장에서 욥은 억울하게 가족과 재산을 잃고 간신히 버티고 있는데, 2장에 와서 그는 몸까지 어려움을 겪습니다. 2장 7절에 나온 대로, 발바닥에서 정수리까지 종기가 나게 됩니다. 이 구절은 비유처럼 읽을 수도 있습니다. 우리가 살면서 어려움을 겪게 되면 하는 '머리에서 발끝까지 안 힘든 데가 없다'라는 푸념과 같은 말입니다. 그만큼 사람은 인생을 살면서 뼈아픈 고통을 겪습니다. 신자도 예외는 아닙니다. 모든 인간이 다 고난을 겪습니다. 인생을 살면, 누구나 이런 극심한 고통에 처하는 것이 현실입니다.

사탄이 하려는 일은 하나님과 우리를 갈라서게 하는 것입니다. 그의 목적은 오로지 하나님과 우리의 관계를 깨는 데에 있습니다. 우리는 하나님에 대해서 모르는 게 많은데, 그 틈을 사탄이 비집고 들어옵니다. 사탄은 무조건 하나님을 반대합니다. 그래서 하나님이 진심을 기울인 존재들의 마음을 돌려놓으려고 합니다. 인간을 하나님에게서 떼어 놓는 것이 사탄의 유일한 보람이며 존재 이유입니다. 그러니 어떤 일이든지 우리를 하나님에게서 멀어지게 한다면, 사탄의 시험을 받고 있다고 생각해야 합니다. 이런 진단은 아주 중요합니다. 물론 우리는 현실적이고 상황에 맞는 답을 찾아야 하고 잘못이 있다면 반성도 해야 합니다. 그러나 가장 근본적으로는 사탄의 시험에 대해 아는 것이 중요합니다.

사탄은 욥기에서 중요한 역할을 하지만 그 역할은 2장에서 끝납니다. 욥기는 사탄의 떼어 놓음과 하나님의 붙드심의 싸움을 그리고 있습니다. 하나님에게서 욥을 떼어 놓으려는 사탄의 방해는 2장에서 끝나고, 3장부터는 전부 하나님이 욥을 붙드시는 싸움입니다. 욥의 한탄에서 시작하여 친구들의 충고와 답변이 내내 이어지고 이에 대한 욥의 끝없는 불평과 억울한 호소가 계속되는 것은 다 하나님이 욥을 붙들고 계시기 때문입니다. 욥기는 이 내용을 이렇게 표현합니다.

사탄이 여호와께 대답하여 이르되 가죽으로 가죽을 바꾸오니 사람이 그의 모든 소유물로 자기의 생명을 바꾸올지라 이제 주의 손을 펴서 그의 뼈와 살을 치소서 그리하시면 틀림없이 주를 향하여 욕하지 않겠나이까 여호와께서 사탄에게 이르시되 내가 그를 네 손에 맡기노라 다만 그의 생명은 해하지 말지니라 (욥 2:4-6)

생명을 해하지 말라는 명령은, 생명을 주신 이가 그 책임을 끝까지 놓지 않겠다는 의지의 표현입니다. 사탄이 와서 욥을 흔들 수는 있어도 그를 하나님에게서 떼어 놓을 수는 없다는 선언입니다. 그러면 떼어 내려는 사탄과 붙드시는 하나님 사이에서 인간이 어느 쪽에 붙느냐가 관건일 것입니다. 성경은 하나님의 붙드심이 사탄의 이간질보다 엄청나게 끈질기다는 사실을 욥기의 분량으로 말해 줍니다. 사탄은 2장까지 나오고 포기하고 마는데, 하나님은 42장까지 끌고 가서 욥이 항복할 때까지 안 놓으십니다.

그 사이에서 욥은 죽어납니다. 그런데 본문 말씀에 고난과 고통으로 나와 있어서 '죽어난다'고 표현한 것이지, 사실 그것은 대단한 복입니다. 하나님이 우리를 결단코 놓지 않으신다는 사실은 성경의 어떤 약속보다도 우선하는, 성경에서 제일 강조하는 하나님의 하나님 되심에 대한 선언입니다. 하나님은 당신이 지으신 존재에 대하여 영광과 승리를 목적하고 또한 우리의 항복을 목적하고 계십니다. 그것을 방해할 수 있는 것은 아무것도 없습니다.

여기에서 문제가 되는 것은 하나님과 사탄 사이에 낀 욥입니다. 욥에게 이런 고난과 고통이 생기는 것은 인간이 가진 특별한 가치 때문입니다.

하나님이 인간에게 주신 선택권

우리는 이 가치를 아담의 타락을 보여 주는 창세기 3장에서 확인할 수 있습니다.

그런데 뱀은 여호와 하나님이 지으신 들짐승 중에 가장 간교하니라 뱀이 여자에게 물어 이르되 하나님이 참으로 너희에게 동산 모든 나무의 열매를 먹지 말라 하시더냐 여자가 뱀에게 말하되 동산 나무의 열매를 우리가 먹을 수 있으나 동산 중앙에 있는 나무의 열매는 하나님의 말씀에 너희는 먹지도 말고 만지지도 말라 너희가 죽을까 하노라 하셨느니라 뱀이 여자에게 이르되 너희가 결코 죽지 아니하리라 너희가 그것을 먹는 날에는 너희 눈이 밝아져 하나님과 같이 되어 선악을 알 줄 하나님이 아심이니라 여자가 그 나무를 본즉 먹음직도 하고 보암직도 하고 지혜롭게 할 만큼 탐스럽기도 한 나무인지라 여자가 그 열매를 따먹고 자기와 함께 있는 남편에게도 주매 그도 먹은지라 이에 그들의 눈이 밝아져 자기들이 벗은 줄을 알고 무화과나무 잎을 엮어 치마로 삼았더라 (창 3:1-7)

인류의 조상 아담이 타락하는 사건을 보여 주는 창세기 3장에서 하나님은 인간을 하나님의 부속품으로 만들지 않았다는 사실을 알 수 있습니다. 하나님은 아담과 하와가 처음부터 선악과 근처에 갈 수 없도록 막아 놓지 않으시고, 선악과에 접근할 수 있고 선악과를 따 먹을 수 있게 두셨습니다. 대신 금지 명령을 내리셨습니다. 이는 인간에게 선택권을 주셨다는 것을 의미합니다. 자유를 주신 것입니다. 인간은 독립된 인격적 존재로 지음을 받았고, 그 독립된 인격성에 따른 선택권을 가집니다. 인간은 독특한 존재입니다. 하나님이 만드신 피조물이면서도 본인이 무엇이든지 선택하고 결정할 수 있는 권리를 가진 존재입니다.

사탄은 "너희가 저걸 먹으면 하나님처럼 될까 봐 하나님이 못

먹게 하신 거야"라는 속삭임으로 인간을 시험합니다. '하나님은 너희에게 충분하신 분이 아니다. 너희에게 충분할 만큼 선하신 분이 아니다. 너희에게 다 주지 않으시고 뭔가를 유보해 놓으셨다. 너희에게는 절반만 허락하셨다'라는 생각을 불어넣어 하나님이 주신 금령을 어기게 만듭니다.

왜 하나님은 인간에게 이러한 금령을 주셨을까요? 인간이 가진 이 선택권은 인간의 운명에 지대한 영향을 미칩니다. 하나님이 인간을 당신의 금령 아래에 두시면서 다른 안전장치를 두지 않으셨다는 사실은 굉장히 놀랍기도 하고 한편으로는 불편하기도 합니다. 우리도, 우리 선조들도 잘하지 못했기 때문입니다. 그러나 이것은 분명히 인간에게 준 특별한 권리입니다.

이 권리는 하나님의 권위 아래에 있는 권리라는 점을 알아야 합니다. 하지 말라는 명령 아래에 있는 권리입니다. 이 권리로 그 위에 있는 권위를 치고 나오자 어떤 결과를 보았습니까? 아담은 자신이 벌거벗었다는 사실을 알게 되었습니다. 보호막이 해제되자 자신은 연약한 존재, 유한한 존재라는 사실을 알게 된 것입니다.

울타리가 부서지는 것을 감수하시다

다시 욥의 이야기로 돌아와서, 지금 욥기에서의 싸움은 무엇입니까? 욥기의 서두에서 무엇을 말했는지, 욥기 1장으로 돌아가 봅시다.

여호와께서 사탄에게 이르시되 네가 내 종 욥을 주의하여 보았느냐 그와 같이 온전하고 정직하여 하나님을 경외하며 악에서 떠난 자는 세상에 없느니라 사탄이 여호와께 대답하여 이르되 욥이 어찌 까닭 없이 하나님을 경외하리이까 주께서 그와 그의 집과 그의 모든 소유물을 울타리로 두르심 때문이 아니니이까 주께서 그의 손으로 하는 바를 복되게 하사 그의 소유물이 땅에 넘치게 하셨음이니이다 이제 주의 손을 펴서 그의 모든 소유물을 치소서 그리하시면 틀림없이 주를 향하여 욕하지 않겠나이까 (욥 1:8-11)

"하나님이 욥을 울타리로 둘러 보호하셨기 때문입니다. 그 울타리를 걷어 보십시오. 그래도 욥이 믿나 보십시오." 사탄은 하나님이 욥과 그의 모든 소유를 울타리로 두르셨기 때문에 그가 하나님을 잘 믿는 것이니 이제 그 울타리를 걷어 보라고 합니다. 이는 창세기 3장에 나온 타락의 현장에서 인류의 조상인 아담과 하와가 자기들의 권리로 하나님의 권위를 깨트려서 그 울타리를 스스로 박차고 나온 일을 생각나게 합니다. 울타리를 걷어 버리면, 벌거벗은 채로 강렬한 태양 아래서 고통 받거나 또는 혹독한 추위 앞에 선 것 같은 냉혹한 현실을 맞게 될 것입니다.

하나님이 당신의 권위를, 우리를 억압하는 데 쓰지 않으시고 그의 울타리로 우리를 보호하신다는 것을 우리가 인정하여 자발적으로 순종하기를 바라신다는 점을 욥기는 보여 줍니다. 그러기 위해서는 인간이 자신의 권리로 하나님의 권위를 부수고 나올 수 있는 위험과 모험을 하나님이 허락하셔야 했습니다. 하나님은 당신이 두르신 울타리가 사탄에 의해 부서지는 것을 감수하십니다. 이것은 우리가 울타리 안에서 행복해하고 안심하는 정도로는 하나님이 만족하시지 않는다는 이야기가 됩니다.

우리는 그 울타리를 잘 알고 있습니다. 우리가 많이 기도하는 내용이기도 합니다. 나이 들면 새해마다 하는 기도가 있습니다. "하나님 아버지, 새해가 밝았습니다. 올해도 그저 우리 가족들 속 안 썩이고 잘 살고 남에게 손가락질 받지 않고 아프지 않고 살게 해 주십시오. 제발 이 한 해가 후딱 지나가게 해 주십시오." 이것이 우리가 요구하는 울타리입니다. 인생에 좋은 일보다 괴로운 일이 훨씬 많다는 것을 아니까 빨리 지나갔으면 하는 것입니다. 그러나 하나님은 그렇게 안 하시겠답니다. 그러니 이제 각오해야 합니다.

욥기에 나오는 긴 이야기는, 욥이 얼마나 고생하는지를 보여 주는 데에 목적이 있지 않습니다. 창조의 하나님이 우리의 항복을 받아 내시기 위하여 우리에게 많은 기회와 자유를 허락하시고 맘 졸이시며 동행하시는데, 욥은 그것을 몰라보고 무슨 짓을 하는가를 들여다볼 기회를 얻는 것입니다. 욥이 무엇을 하고 있나, 그가 어디에서 걸리고 어디에서 넘어지고 어디에서 자폭하는가를 보게 될 것입니다.

우리는 욥에게서 우리 자신을 보게 됩니다. 하나님의 신실하심과 복 주심과 인도하심 속에서 인간은 어떤 반응을 보이는가, 얼마나 못난 짓을 하는가를 보게 될 것입니다. 모든 일에 우리의 이해가 부족하고 우리 생각으로 잣대를 삼고 있다는 사실을 깨닫게 됩니다. 그리고 그런 과정을 통해서만 얻을 수 있는 귀한 열매, 즉 "내가 주께 대하여 귀로 듣기만 하였사오나 이제는 눈으로 주를 뵈옵나이다"(욥 42:5)라는 고백에 이를 것입니다.

질문하기

1.

사탄이 하려는 일은 무엇입니까?

2.

욥에게 고난과 고통이 생기는 이유는 무엇입니까?

3.

하나님이 당신이 두르신 울타리가 사탄에 의해 부서지는 것을 감수하신다는 것은 무엇을 의미합니까?

나누기

내가 하나님에게 요구했던 울타리는 어떤 것이었는지 나누어 봅시다.

03 욥_
어떡하란 말입니까

1 그 후에 욥이 입을 열어 자기의 생일을 저주하니라 **2** 욥이 입을 열어 이르되 **3** 내가 난 날이 멸망하였더라면, 사내 아이를 배었다 하던 그 밤도 그러하였더라면, **4** 그 날이 캄캄하였더라면, 하나님이 위에서 돌아보지 않으셨더라면, 빛도 그 날을 비추지 않았더라면, **5** 어둠과 죽음의 그늘이 그날을 자기의 것이라 주장하였더라면, 구름이 그 위에 덮였더라면, 흑암이 그 날을 덮었더라면, **6** 그 밤이 캄캄한 어둠에 잡혔더라면, 해의 날 수와 달의 수에 들지 않았더라면, **7** 그 밤에 자식을 배지 못하였더라면, 그 밤에 즐거운 소리가 나지 않았더라면, **8** 날을 저주하는 자들 곧 리워야단을 격동시키기에 익숙한 자들이 그 밤을 저주하였더라면, **9** 그 밤에 새벽 별들이 어두웠더라면, 그 밤이 광명을 바랄지라도 얻지 못하며 동틈을 보지 못하였더라면 좋았을 것을, **10** 이는 내 모태의 문을 닫지 아니하여 내 눈으로 환난을 보게 하였음이로구나 **11** 어찌하여 내가 태에서 죽어 나오지 아니하였던가 어찌하여 내 어머니가 해산할 때에 내가 숨지지 아니하였던가 **12** 어찌하여 무릎이 나를 받았던가 어찌하여 내가 젖

을 빨았던가 13 그렇지 아니 하였던들 이제는 내가 평안히 누워서 자고 쉬었을 것이니 14 자기를 위하여 폐허를 일으킨 세상 임금들과 모사들과 함께 있었을 것이요 15 혹시 금을 가지며 은으로 집을 채운 고관들과 함께 있었을 것이며 16 또는 낙태되어 땅에 묻힌 아이처럼 나는 존재하지 않았겠고 빛을 보지 못한 아이들 같았을 것이라 17 거기서는 악한 자가 소요를 그치며 거기서는 피곤한 자가 쉼을 얻으며 18 거기서는 갇힌 자가 다 함께 평안히 있어 감독자의 호통 소리를 듣지 아니하며 19 거기서는 작은 자와 큰 자가 함께 있고 종이 상전에게서 놓이느니라 20 어찌하여 고난 당하는 자에게 빛을 주셨으며 마음이 아픈 자에게 생명을 주셨는고 21 이러한 자는 죽기를 바라도 오지 아니하니 땅을 파고 숨긴 보배를 찾음보다 죽음을 구하는 것을 더하다가 22 무덤을 찾아 얻으면 심히 기뻐하고 즐거워하나니 23 하나님에게 둘러싸여 길이 아득한 사람에게 어찌하여 빛을 주셨는고 24 나는 음식 앞에서도 탄식이 나며 내가 앓는 소리는 물이 쏟아지는 소리 같구나 25 내가 두려워하는 그것이 내게 임하고 내가 무서워하는 그것이 내 몸에 미쳤구나 26 나에게는 평온도 없고 안일도 없고 휴식도 없고 다만 불안만이 있구나 (욥 3:1-26)

드디어 욥의 한탄이 나옵니다. 욥은 자기가 태어난 날을 저주하는 비명과 절규 속에서 자신의 죽음까지 논하고 있습니다. 여기 욥이 저주하는 '날'이라는 표현은 창세기 1장에 있는 '첫째 날', '둘째 날'에서의 '날'을 떠오르게 합니다. 신자가 자기의 존재와 현실을 한탄하는 것은 차마 하나님한테 직접 쏟아 놓을 수 없는 불만을 터트리는 것입니다. "나는 왜 태어났을까? 그날이 왜 달력에 있었더란 말이냐!" 이렇게 탄식하는 것은 "하나님, 어떡하란 말입니까?"의 다른 표현입니다. 이처럼 욥기 3장에서부터 욥의 불만이 터져 나오는데, 이 부분은 굉장히 중요합니다. 앞서 본 욥의 모습과 다르기 때문입니다. 욥은 1장과 2장에서 보던 것과 다르게 3장부터 갑자기 화를 내기 시작합니다.

틀이 깨지다

1, 2장에서 본 욥과 3장에서 본 욥의 차이를 이렇게 이해해 볼 수 있을 것입니다. 1, 2장의 사건이 3장으로 이어지는 과정을 보면, 하나님이 욥에게 둘러 주셨던 울타리를 벗기자 욥이 그 울타리를 부둥켜안고 있었다, 이렇게 이야기할 수 있습니다. 욥은 자기가 잘하면 하나님이 복 주신다는 보응의 원리를 지키고 있었습니다. 전에는 하나님이 그 보응의 원리대로 욥에게 복을 주셨고 욥은 신앙을 잘 지켜 왔는데, 사탄의 도전을 계기로 하나님이 그 울타리를 허물기로 하십니다. 그런데 하나님이 헐어 버린 그 울타리를 욥은 계속 붙들고 늘어집니다. 그것 외에는 달리 방법이 없어서입니다. 하나님에 대하여, 인생에 대하여 보응의 원리 외에는 다른 길을 알지 못하니까 그것을 붙잡고 늘어지는 수밖에 없었던 것입니다.

억울한 고난 앞에서도 욥이 범죄하지 않자 욥의 아내가 욥을 비난합니다. "당신, 이래도 참고 견디겠는가? 차라리 하나님을 욕하고 죽으라." 이렇듯 욥의 아내가 맡은 역할은 무엇일까요? 욥의 아내는, 보응의 원리로는 도저히 납득할 수 없는 현실을 마주하게 된 것입니다. 그동안 견지해 온 이해의 범주, 사고의 틀이 깨진 것입니다. 그러자 이 틀이 깨지고 없으면 차라리 죽는 게 낫지 않느냐, 그러니 하나님을 저주하고 죽으라고 말하는 것입니다.

1, 2장에서 욥은 범죄하지 않습니다. 그런데 3장은 욥도 그의 아내와 별반 다르지 않은 사람임을 보여 주는 표현으로 시작

합니다. "그 후에 욥이 입을 열어 자기의 생일을 저주하니라"(욥 3:1). 드디어 이 틀이 깨진 것입니다. 욥이 가지고 있던 것은 보응의 원리이고 그 보응의 원리 꼭대기에는 하나님이 계십니다. 하나님에게 불경한 소리는 못하겠는데, 자기가 알고 있던 틀은 다 깨졌습니다. 그 틀은 인간이 붙잡아서는 유지되지 않습니다. 그 틀은 하나님이 유지하고 계셔야 유용한데, 하나님이 그 틀을 깨 버리셨습니다. 그러니 인간에게는 방법이 없습니다.

신앙은 지켜야겠는데, 자기가 아는 신앙의 원칙은 지켜지지 않고 하나님을 원망할 수도 없어서 욥이 뭐라고 합니까? "나란 사람은 태어나지 않았으면 좋았을 걸. 왜 태어나서 곤란한 인생을 살고 하나님까지 곤란하게 만들고 있는가?" 우리는 종종 욥을 미화하곤 하는데, 그럴 필요는 없습니다. 다만 그가 겪은 과정은 중요합니다. 사실 우리 모두가 이 과정에 있습니다.

신앙의 사춘기

사춘기란 인생이 동화와 같지 않다는 것을 알게 되는 시기입니다. 순진해서는 인생이 해결되지 않는다는 것을 깨닫는 때가 사춘기입니다. 인간이란 책임을 지고 분별력을 지녀야 하는 존재임을 깨달으며 다만 웃고 좋아하는 것으로 해결되지 않는 일이 있다는 것을 배우는 시기입니다. 순진함과 열심만 있으면 다 된다고 믿었던 것이 깨지는 시기인데, 하나님의 자녀로 부름을 받은 신자들에게 있어서는 언제가 사춘기일까요? 순진한 신앙이 좋은 신앙이고 정성을 부으면 모든 것이 이뤄진다고 생각했던 것이 깨지는 시기입니다.

교회에서 어른들이 주일 학교 학생들을 볼 때 오해하는 것이 하나 있습니다. 학창 시절에 열심을 내서 교회 나오고 간절히 기도하는 학생들을 최고로 치는 일입니다. 신앙은 결코 그런 일의 연장선에서만 자라는 것이 아닙니다. 최고의 신앙은 세상에 물들지 않은 순수함에서 나온다고요? 그렇지 않습니다. 인간이 죄인이라는 사실을 뼈저리게 깨달아야 합니다. 죄인 된 인간을 하나님이 어떻게 받아 내셔서 십자가의 승리를 이루어 내시는지 알아야 합니다. 그 경험을 통해 하나님 앞에 무릎 꿇지 않고는 진정한 신앙의 길에 들어설 수 없기 때문입니다.

학생 때 부모님 말씀 잘 듣고 교회에 잘 나오고 친구들을 전도하면 예쁩니다. 그런데 한심합니다. 그 나이 때는 그러면 안 되는 때입니다. 이기적이고 속으로는 많이 고민하면서 겉으로는 드러내지 않는 시기입니다. 철없는 사람들이 꼭 이렇게 이야기합니다. "왜 우리 교회에 다니는 집사님들의 자녀는 우리 교회에 나오지 않습니까?" 우리도 부모님이 다니는 교회에 안 다녔으면서 말입니다. 우리가 부모님이 다니는 교회에 나갈 때는 사고 치고 들키지 않았을 때입니다. 거기서 사고 치고 들키면 세상으로 나갔다가 다시 회개하고 나서는 다른 교회로 옮깁니다. 자기가 사고 친 것을 지켜본 교회로 돌아갈 수는 없지 않습니까. 민들레 씨앗이 온 벌판에 퍼져 나가듯이 사고 치고 다른 교회 가고, 사고 치고 다른 교회 가느라 하나님의 나라가 이렇게 풍성해졌습니다.

너는 하나님을 뭘로 아느냐

욥기 3장에 이르러 비로소 욥이 이 시점에 왔습니다. "하나님, 어떡하란 말입니까? 내가 무얼 잘못했단 말입니까?" 그의 순진함이 깨어지고 있습니다. "죄 안 짓고, 하나님을 두려워하며 착하게 살면 됐지, 저더러 어쩌란 말입니까? 이젠 못 살겠습니다." 그간 가졌던 틀과 체계가 깨지면, 욥은 살 수가 없습니다. 처음부터 아예 이 틀을 갖고 있지 않아서 세상 사람들처럼 생존 경쟁 속에 내몰리면 죽든 살든 그 법칙 안에서 몸부림치겠지만 고뇌는 없을 것입니다. 그런데 믿음을 가지고 살다가 그 믿음의 법칙이 깨지면 당황하게 됩니다. 어찌 보면 이 당황스러움은 본인이 자초한 것입니다. 하나님은 그렇게 이야기하신 적이 없기 때문입니다.

우리는 어떻습니까? 우리의 기대는 무엇입니까? 우리의 바람은 그저 인생이 복잡하지 않기를 원하는 것입니다. 자신이 할 수 있는 가장 간단한 것을 제공해서 행복을 취하고 그것이 전부였으면 하고 바랍니다. 하나님은 그렇게는 안 하겠다고 하십니다. 그래서 우리 기도가 자꾸 욥의 기도처럼 '생각 없게 해 주옵소서. 태어나지 말았으면 좋았을 것을… 죽여 주옵소서!' 이렇게 되는 것입니다.

욥기를 읽으면서 겁내지 말고, 우리가 겪고 있는 일이 무엇인지 확인하십시오. 그리하여 손에 장난감을 잔뜩 쥐어 주면 온 세상을 다 얻은 것처럼 기뻐하던 어린애 짓을 그만두십시오. 하나님 앞에 나아와 마치 온 세상과 하나님 나라의 운명이 자기한

테 걸린 것처럼 굴지 마십시오. "너희 인생과 가치를 이렇게 간단하고 쉽고 사소한 것으로 바꾸어 놓지 마라" 하고 하나님이 꾸짖으십니다.

사춘기 때는 별것 아닌 문제를 놓고도 죽음을 생각하지 않습니까. 그 별것 아닌 것이 그때는 죽음을 생각할 만큼 큰 문제였습니다. 지금 우리의 신앙이 꼭 그런 모양새입니다. 별것 아닌 것에 목숨을 걸고 나옵니다. "주여, 이 일만 이루어 주신다면 제 목숨 같은 것은 아끼지 않겠습니다." 욥이 지금 이런 하소연을 하고 있고, 그런 욥에게 하나님이 말씀하십니다. "너는 세상 그 무엇보다 큰 존재다. 그런 일에는 네 새끼손톱이나 걸어라. 너는 네 목숨과 운명을 왜 그런 작은 일에 걸고 있느냐! 너는 나를 무엇으로 알기에 그 작은 것에 네 목숨을 걸고 있느냐!"

하나님은 창조의 하나님입니다. 보응의 원리를 넘어서 계시는 분입니다. 우리가 잘하면 복 주고 우리가 못하면 벌주는 정도의 하나님이 아닙니다. 우리라는 존재 자체가, 하나님이 지으신 천지 만물이, 우리가 누리고 소원하는 모든 가치가 하나님의 창조와 하나님의 성실과 하나님의 은혜와 하나님의 지혜와 하나님의 기쁘심으로 허락되었습니다. 없는 것을 있는 것으로 부르시고 죽은 것도 살리시는 하나님의 능력으로 시작된 것입니다. 아브라함은 하나님을 모르는 자리에서 부름을 받아 자식을 하나도 낳을 수 없을 때 이미 그의 자손이 하늘의 별 같고 바다의 모래 같을 것이라는 약속을 받았고 실제로 그렇게 된 자입니다. 하나님은 우리에게 그것을 믿으라고 하십니다.

욥이 지르는 비명이 무엇인지 이해하겠습니까? 욥은 자기가 아는 몇 가지 이해와 논리로 하나님을 제한하고 자신의 가치도 제한하여 그 법칙 안에 하나님의 자녀라는 이름을 집어넣으려는 것입니다. 우리는 그것보다 큽니다.

욥기의 시작에서 욥은 무엇에 걸려 넘어졌습니까? 사춘기적 신앙, 순수하고 확실하지만 가난한 신앙에 탁 걸려 넘어졌습니다. 우리는 하나님이 거기서 어떻게 욥을 일으키시고 채우시는가, 욥의 친구들은 이 문제에 대해 어떻게 시비를 걸고 답을 제시하는가를 낱낱이 살펴서 이 고비를 넘겨야 합니다. 이 산을 넘어야 합니다. 그리하여 하나님의 자녀라는 깊고 높고 넓은 자리로 나아갑시다.

질문하기

1.

욥의 아내가 맡은 역할은 무엇입니까?

_____

2.

'신앙의 사춘기'란 언제입니까?

_____

3.

믿음의 법칙이 깨져서 겪게 되는 당황스러움은 왜 본인이 자초한

것입니까?

_____

나누기

사춘기적 신앙을 넘어 깊고 높고 넓은 신자의 자리에 이르렀던

경험을 나누어 봅시다.

04 엘리바스_
도덕 질서가 전부다

1 데만 사람 엘리바스가 대답하여 이르되 2 누가 네게 말하면 네가 싫증을 내겠느냐, 누가 참고 말하지 아니하겠느냐 3 보라 전에 네가 여러 사람을 훈계하였고 손이 늘어진 자를 강하게 하였고 4 넘어지는 자를 말로 붙들어 주었고 무릎이 약한 자를 강하게 하였거늘 5 이제 이 일이 네게 이르매 네가 힘들어 하고 이 일이 네게 닥치매 네가 놀라는구나 6 네 경외함이 네 자랑이 아니냐 네 소망이 네 온전한 길이 아니냐 7 생각하여 보라 죄 없이 망한 자가 누구인가 정직한 자의 끊어짐이 어디 있는가 8 내가 보건대 악을 밭 갈고 독을 뿌리는 자는 그대로 거두나니 9 다 하나님의 입 기운에 멸망하고 그의 콧김에 사라지느니라 10 사자의 우는 소리와 젊은 사자의 소리가 그치고 어린 사자의 이가 부러지며 11 사자는 사냥한 것이 없어 죽어 가고 암사자의 새끼는 흩어지느니라 12 어떤 말씀이 내게 가만히 이르고 그 가느다란 소리가 내 귀에 들렸었나니 13 사람이 깊이 잠들 즈음 내가 그 밤에 본 환상으로 말미암아 생각이 번거로울 때에 14 두려움과 떨림이 내게 이르러서 모든 뼈마디가 흔들렸느니라 15 그 때에 영이

내 앞으로 지나매 내 몸에 털이 주뼛하였느니라 16 그 영이 서 있는데 나는 그 형상을 알아보지는 못하여도 오직 한 형상이 내 눈 앞에 있었느니라 그 때에 내가 조용한 중에 한 목소리를 들으니 17 사람이 어찌 하나님보다 의롭겠느냐 사람이 어찌 그 창조하신 이보다 깨끗하겠느냐 18 하나님은 그의 종이라도 그대로 믿지 아니하시며 그의 천사라도 미련하다 하시나니 19 하물며 흙 집에 살며 티끌로 터를 삼고 하루살이 앞에서라도 무너질 자이겠느냐 20 아침과 저녁 사이에 부스러져 가루가 되며 영원히 사라지되 기억하는 자가 없으리라 21 장막 줄이 그들에게서 뽑히지 아니하겠느냐 그들은 지혜가 없이 죽느니라 5:1 너는 부르짖어 보라 네게 응답할 자가 있겠느냐 거룩한 자 중에 네가 누구에게로 향하겠느냐 2 분노가 미련한 자를 죽이고 시기가 어리석은 자를 멸하느니라 3 내가 미련한 자가 뿌리 내리는 것을 보고 그의 집을 당장에 저주하였노라 4 그의 자식들은 구원에서 멀고 성문에서 억눌리나 구하는 자가 없으며 5 그가 추수한 것은 주린 자가 먹되 덫에 걸린 것도 빼앗으며 올무가 그의 재산을 향하여 입을 벌리느니라 6 재난은 티끌에서 일어나는 것이 아니며 고생은 흙에서 나는 것이 아니니라 7 사람은 고생을 위하여 났으니 불꽃이 위로 날아 가는 것 같으니라 8 나라면 하나님을 찾겠고 내 일을 하나님께 의탁하리라 9 하나님은 헤아릴 수 없이 큰 일을 행하시며 기이한 일을 셀 수 없이 행하시나니 10 비를 땅에 내리시고 물을 밭에 보내시며 11 낮은 자를 높이 드시고 애곡하는 자를 일으키사 구원에 이르게 하시느니라 12 하나님은 교활한 자의 계교를 꺾으사 그들의 손이 성공하지 못하게 하시며 13 지혜로운 자가 자기의 계략에 빠지게 하시며 간교한 자의 계략을 무너뜨리시므로 14 그들은 낮에도 어두움을 만나고 대낮에도 더듬기를 밤과 같이 하느니라 15 하나님은 가난한 자를 강한 자의 칼과 그 입에서, 또한 그들의 손에서 구출하여 주시나니 16 그러므로 가난한 자가 희망이 있고 악행이 스스로 입을 다무느니라 17 볼지어다 하나님께 징계 받는 자에게는 복이 있나니 그런즉 너는 전능자의 징계를 업신여기지 말지니라 18 하나님은 아프게 하시다가 싸매시며 상하게 하시다가 그의 손으로 고치시나니 19 여섯 가지 환난에서 너를 구원하시며 일곱 가지 환난이라도 그 재앙이 네게 미치지 않게 하시며 **20** 기근 때에 죽음에서, 전쟁 때에 칼의 위협에서 너를 구원하실 터인즉 **21** 네가 혀의 채찍을 피하여 숨을 수가 있고 멸망이 올 때에도 두려워하지 아니할 것이라 **22** 너는 멸망과 기근을 비웃으며 들짐승을 두려워하지 말라 **23** 들에 있는 돌이 너와 언약을 맺겠고 들짐승이 너와 화목하게 살 것이니라 **24** 네가 네 장막의 평안함을 알고 네 우리를 살펴도 잃은 것이 없을 것이며 **25** 네 자손이 많아지며 네 후손이 땅의 풀과 같이 될 줄을 네가 알 것이라 **26** 네가 장수하다가 무덤에 이르리니 마치 곡식단을 제 때에 들어올림 같으니라 **27** 볼지어다 우리가 연구한 바가 이와 같으니 너는 들어 보라 그러면 네가 알리라 (욥 4:1-5:27)

욥의 세 친구 중 가장 먼저 입을 연 사람은 엘리바스입니다. 일단 우리는 그가 주장하는 바가 무엇이며 어떤 근거로 그렇게 주장하는가를 이해해야 합니다. 본문 말씀에서 엘리바스의 충고는 세 단락(욥 4:6-11, 4:12-5:7, 5:8-27)으로 나눌 수 있습니다.

도덕 질서는 견고한 것이다

첫 번째 단락(욥 4:6-11)에서는 하나님의 통치 아래 있는 도덕 질서의 견고함을 말하고 있습니다. 6절 이하를 보면 "네 경외함이 네 자랑이 아니냐 네 소망이 네 온전한 길이 아니냐 생각하여 보라 죄 없이 망한 자가 누구인가 정직한 자의 끊어짐이 어디 있는가"(욥 4:6-7)라고 되어 있습니다. 도덕 질서야말로 하나님이 통치하시는 이 세상의 가장 견고한 질서라는 말입니다. 악하게 굴면 벌을 받고 선하게 살면 복을 받는 것이 하나님의 통치에서 가장 견고한 질서라고 이야기합니다. 8절에서는 '악을 밭 갈고 독을 뿌리는 자는 그대로 거두나니'라고 하여 도덕 질서를 농사짓는 일에 비유해서 언급합니다. '세상의 자연 질서를 봐라. 심은 대로 거두지 않느냐? 도덕 질서도 그렇게 심은 대로 거두는 것이다. 그러니 착한 일을 하고 악한 일은 하지 마라' 하는 이야기입니다.

엘리바스는 인과응보 즉 보응의 원리를 주장하고 있습니다. 심은 대로 거두고 열심히 한 만큼 거두듯이 도덕 질서가 하나님의 통치 질서로 세상에 견고하게 서 있으니 선한 일을 심고 하나님에게 순종하라고 합니다. 그 뒤의 구절을 이어서 보면 "사자의 우는 소리와 젊은 사자의 소리가 그치고 어린 사자의 이가 부러지며 사자는 사냥한 것이 없어 죽어 가고 암사자의 새끼는 흩어지느니라"(욥 4:10-11)라고 되어 있습니다. 약탈자는 결국 아무것도 얻지 못하고 늙어 죽게 된다는 이야기입니다. 사자를 예로 들어, 남의 것을 약탈해 가는 것들이 당장은 대단해 보이지만, 그들은 결국 보상받지 못할 거라고 말합니다.

이제 두 번째 단락(욥 4:12-5:7)을 살펴봅시다. 5장 7절까지 두 번째 단락이 이어지는데, 앞에 나온 도덕 질서는 무엇을 근거로 하나님의 견고한 통치 질서라고 결론을 내린 것입니까? 경험과 관찰 속에서 확인한 것입니다. 살아 보니까, 주변을 보니까, 세상을 보니까, 도덕 질서라는 것이 가장 견고하더라는 것입니다.

그런데 두 번째 단락에서는 인간이 가진 이해가 경험과 관찰에서만 주어지는 것이 아니라, 하나님의 계시로부터 말미암은 것도 있다는 것입니다. 경험과 관찰의 영역을 벗어나 있는 진리를 하나님이 직접 알게 하셔서 이해와 믿음의 근거를 주신다는 이야기입니다. 엘리바스의 권면에 나온 첫 번째 단락의 이야기가 세상에 사는 모든 인간을 의인과 악인으로 나누고 있다면, 두 번째 단락에서는 지혜로운 자와 우매한 자로 나눕니다. 이 이야기는 잠시 보류하고 일단 세 번째 단락으로 갔다 와서 다시 이어 갑시다.

도덕 질서로 욥을 속박하다

욥기의 중요성은, 기독교 신앙은 다만 명분으로 붙들어 맬 수 없을 만큼 깊고 넓다는 것을 알려 준 점에 있습니다. 이것이 무슨 이야기인지 세 번째 단락(욥 5:8-27)을 봅시다. 17절부터 읽겠습니다.

볼지어다 하나님께 징계 받는 자에게는 복이 있나니 그런즉 너는 전능자의 징계를 업신여기지 말지니라 하나님은 아프게 하시다가 싸매시며 상하게 하시다가 그의 손으로 고치시나니 여섯 가지 환난에서 너를 구원하시며 일곱 가지 환난이라도 그 재앙이 네게 미치지 않게 하시며 기근 때에 죽음에서, 전쟁 때에 칼의 위협에서 너를 구원하실 터인즉 (욥 5:17-20)

앞에서 엘리바스는 '내가 다 아는 것은 아니다. 내가 세상을 다 알고 인생을 다 아는 것은 아니다. 그러나 이 견고한 도덕 질서라는 것은 하나님의 통치 원리 중 가장 중요한 것이다. 우리 모두에게 찾아오신 하나님이 하나님으로서 우리에게 주신 질서다. 이보다 더 큰 것은 없어 보인다'라고 전제한 다음 '그러니 네가 지금 당하는 어려움에 대하여 빨리 하나님 앞에 회개하고 은혜를 구하는 자세로 돌아오라. 네가 잘못하지 않았는데 하나님이 벌을 주셨겠느냐? 네가 무엇을 잘못했는지 모른다 할지라도 하나님의 은혜를 구하고 하나님의 통치에 순종하는 자세를 취하는 것만이 네가 살 길이다'라며 욥을 몰아갑니다. 이것이 엘리바스의 주장입니다.

좀 전에 언급한 4장 12절에서 5장 7절에 걸친 두 번째 단락이 중요합니다. 이 단락 때문에 욥기가 이렇게 길어진 것일 수 있습니다. 뒤로 가면, 욥은 친구들이 충고하는 도덕 질서로는 자기가 겪고 있는 현실을 담아낼 수 없다고 계속해서 주장합니다. 욥의 친구들은 욥이 그 질서를 어겼다고, 만일 이런 진단을 받아들이지 않는다면 욥이 무엇인가 잘못하고 있는 것이라고 역시 계속해서 주장합니다. 이 싸움이 욥기에서 중요한 대목입니다.

세 친구가 하는 말이 틀렸다고 이야기할 수는 없는데, 그렇다고 옳은 것도 아닙니다. 욥과 관련해서는 말입니다. 욥기의 시작을 다시 떠올려 봅시다. 처음부터 욥은 잘못한 것이 없는 사람으로 설정되어 있습니다. 그런데도 고난을 받은 것이니, 보응의 원리를 벗어나 있는 자로 등장한다는 말입니다. 친구들은 도덕 질서에 근거하여 지적하다 보니까 욥이 '나는 잘못한 것이 없다'라고 우기는 것까지 잘못이라고 꼬집습니다. 욥에게는 친구들의 그런 이야기가 들어맞지 않습니다. 그래서 욥은 하나님을 만나야겠다고 합니다. 친구들에게는 여전히 도덕 질서가 전부이고, 욥은 이 도덕 질서를 만든 이에게로 나아가지 않을 수 없게 된 것입니다.

현실을 보응의 원리로 다 설명할 순 없다

세 번째 단락(욥 5:8-27)은 첫 번째 단락(욥 4:6-11)의 이야기를 욥에게 적용하는 내용입니다. 도덕 질서의 견고함을 이야기하면서 욥에게 그 속으로 들어가라, 거기에서 벗어나지 마라, 그 안에서 답을 찾으라고 합니다. 여기서는 앞서 잠시 미뤄 둔 두 번째 단락(욥 4:12-5:7)의 이야기를 살펴볼 필요가 있습니다.

> 너는 부르짖어 보라 네게 응답할 자가 있겠느냐 거룩한 자 중에 네가 누구에게로 향하겠느냐 분노가 미련한 자를 죽이고 시기가 어리석은 자를 멸하느니라 내가 미련한 자가 뿌리 내리는 것을 보고 그의 집을 당장에 저주하였노라 그의 자식들은 구원에서 멀고 성문에서 억눌리나 구하는 자가 없으며 그가 추수한 것은 주린 자가 먹되 덫에 걸린 것도 빼앗으며 올무가 그의 재산을 향하여 입을 벌리느니라 재난은 티끌에서 일어나는 것이 아니며 고생은 흙에서 나는 것이 아니니라 사람은 고생을 위하여 났으니 불꽃이 위로 날아 가는 것 같으니라 (욥 5:1-7)

첫 번째 단락과 세 번째 단락에서는 의인과 악인이라는 잣대를 가지고 풀어 나갔다면, 두 번째 단락에서는 지혜와 우매가 판단의 잣대입니다. '인간이 잘났으면 얼마나 잘났겠느냐? 그가 하나님보다 어찌 더 뛰어나며 하나님 위에 설 수 있단 말이냐? 그러니 하나님의 뜻을 따라 선하게 살아야 복을 받는 것이지, 악하고 미련하게 굴어서 답을 얻을 자가 있겠느냐? 악한 자들을 봐라. 그들은 영원히 살 것 같고 영원히 승리자일 것처럼 굴지만, 나는 그런 사람을 본 적이 없다. 악한 자들과 죄짓는 자들의 잘못은 세상이나 환경에서 오는 것이 아니라 그들 자신의 마음속에서 나오는 것이 아니냐? 그러니 너도 쓴 마음일랑 먹지 마라' 이렇게 이야기하는 것입니다.

"재난은 티끌에서 일어나는 것이 아니며 고생은 흙에서 나는 것이 아니니라 사람은 고생을 위하여 났으니 불꽃이 위로 날아가는 것 같으니라"(욥 5:6-7). 흙에서 고생이 오는 것이 아니고 티끌에서 재난이 튀어나오는 것이 아니라고 합니다. 악과 죄는 인간이 스스로 만들어 내는 것이니 욥에게 그렇게 살지 말라고 합니다. 여기에서 욥기의 중요한 주제 중 하나를 발견할 수 있습니다. 인간에게 재난과 악이 일어나는 것은 인간이 가진 자유 곧 인간이 죄를 선택할 수 있는 존재이기 때문이라는 것입니다.

의인은 하나님의 뜻에 순종하는 자이고, 악인은 하나님의 뜻에 불순종하는 자입니다. 이런 구분은 쉽게 이해됩니다. 도덕질서 속에서의 구별이니 그렇습니다. 그런데 두 번째 단락에 와서 의인과 악인이 아닌 지혜자와 우매자라는 잣대로 논하게 되자 이야기가 달라집니다. '네가 이해가 되지 않는다고 해서 하나님의 뜻을 따르지 않는다면 네가 하나님보다 더 똑똑하다는 것이냐? 이해가 되지 않을 때라도 하나님 앞에 순종해야 옳다.' 이 말은 결국 재난을 초래하고 악한 일을 하게 되는 것은 사람이 가진 선택권 곧 자유 때문이 아니냐 하는 여지를 열어 놓는 셈이 됩니다. 그렇다면 이런 문제가 발생합니다. 인간의 모든 경험이 결국 순종하느냐 순종하지 않느냐에 달린 문제가 되어 버리는 것입니다. 그렇게 되면 왜 하나님은 견고한 도덕 질서를 주셨을 때처럼 우리를 꽉 붙들어 선택의 여지없이 통치하시지 않고, 인간이 순종하거나 순종하지 않을 수 있는 선택의 길을 열어 놓으셨냐는 싸움이 되고 마는 것입니다.

아마 우리 대부분은 애매한 자리에 서 있을 것입니다. 보응의 원리와 그것이 지켜지지 않는 현실 사이에서 답은 못 찾겠고, 그래도 천국은 가야겠고, 그러니 마음으로는 완전히 납득이 되지 않지만 그냥 '이 정도 살면 되지. 여기서 뭘 더 어떻게 해?' 하는 푸념 속에 살아가는 것이 우리의 현실 아닙니까? 이런 것을 속 시원하게 해결할 수 있을까요? 어쩌면 할 수 있을지도 모릅니다. 욥기가 성경에 들어 있으니 말입니다. 욥기의 주인공은 세 친구가 아니라 욥이니까 말입니다.

욥은 하나님의 견고한 도덕 질서에 대하여 불만을 표시하며 그것으로는 답이 되지 않는다고 아우성치는 사람입니다. 그런데 결론에 가 보면 하나님은 욥이 옳았고 욥에게 세 친구를 위하여 기도해 주라고 하십니다. 그렇다면 우리에게도 희망이 있을지 모릅니다. '앗, 성경이 이런 일도 다루다니!' 하고 기대해 볼 수 있을 것입니다. 혹시 '나는 잘 모르겠다. 하나님에게 다 맡기고 착하게 살자. 혹시 세상에 휩쓸렸다고 생각되거나 좀 잘 못한 것 같으면 빨리 회개하고 돌아오자. 그냥 그렇게 살자' 이 렇게 생각하고 말겠습니까? 더 나아가야 합니다. 인간과 인생 의 실존에 대하여 더 깊이 생각하고 답을 찾아야 할 만큼 한국 기독교도 성큼 자랐습니다. 이 시작이 우리에게 하나의 문이 되 고, 포기했던 답을 찾는 기회가 되어 다시 나아갈 수 있기를 바 랍니다.

질문하기

1.

엘리바스는 어떤 원리를 주장합니까?

_____

2.

욥은 친구들이 충고하는 도덕 질서로는 무엇을 담아낼 수 없다고
계속 주장합니까?

_____

3.

엘리바스는 지혜와 우매를 판단의 잣대로 꺼내 놓으며 '이해가
되지 않을 때라도 하나님 앞에 순종해야 옳다'고 합니다. 여기서
어떤 문제가 생겨납니까?

_____

나누기

보응의 원리와 도덕 질서가 나에게 답이 되지 않았던 경험에 대
해 나누어 봅시다.

05 욥_
존귀한 인간에게 고통이 왔도다

1 욥이 대답하여 이르되 2 나의 괴로움을 달아 보며 나의 파멸을 저울 위에 모두 놓을 수 있다면 3 바다의 모래보다도 무거울 것이라 그러므로 나의 말이 경솔하였구나 4 전능자의 화살이 내게 박히매 나의 영이 그 독을 마셨나니 하나님의 두려움이 나를 엄습하여 치는구나 5 들나귀가 풀이 있으면 어찌 울겠으며 소가 꼴이 있으면 어찌 울겠느냐 6 싱거운 것이 소금 없이 먹히겠느냐 닭의 알 흰자위가 맛이 있겠느냐 7 내 마음 이 이런 것을 만지기도 싫어하나니 꺼리는 음식물 같이 여김이니라 8 나의 간구를 누가 들어 줄 것이며 나의 소원을 하나님이 허락하시랴 9 이는 곧 나를 멸하시기를 기뻐하사 하나님이 그의 손을 들어 나를 끊어 버리실 것이라 10 그러할지라도 내가 오히려 위로를 받고 그칠 줄 모르는 고통 가운데서도 기뻐하는 것은 내가 거룩하신 이의 말씀을 거역하지 아니하였음이라 11 내가 무슨 기력이 있기에 기다리겠느냐 내 마지막이 어떠하겠기에 그저 참겠느냐 12 나의 기력이 어찌 돌의 기력이겠느냐 나의 살이 어찌 놋쇠겠느냐 13 나의 도움이 내 속에 없지 아니하냐 나의 능력

이 내게서 쫓겨나지 아니하였느냐 14 낙심한 자가 비록 전능자를 경외하기를 저버릴지라도 그의 친구로부터 동정을 받느니라 15 내 형제들은 개울과 같이 변덕스럽고 그들은 개울의 물살 같이 지나가누나 16 얼음이 녹으면 물이 검어지며 눈이 그 속에 감추어질지라도 17 따뜻하면 마르고 더우면 그 자리에서 아주 없어지나니 18 대상들은 그들의 길을 벗어나서 삭막한 들에 들어가 멸망하느니라 19 데마의 떼들이 그것을 바라보고 스바의 행인들도 그것을 사모하다가 20 거기 와서는 바라던 것을 부끄러워하고 낙심하느니라 21 이제 너희는 아무것도 아니로구나 너희가 두려운 일을 본즉 겁내는구나 22 내가 언제 너희에게 무엇을 달라고 말했더냐 나를 위하여 너희 재물을 선물로 달라고 하더냐 23 내가 언제 말하기를 원수의 손에서 나를 구원하라 하더냐 폭군의 손에서 나를 구원하라 하더냐 24 내게 가르쳐서 나의 허물된 것을 깨닫게 하라 내가 잠잠하리라 25 옳은 말이 어찌 그리 고통스러운고, 너희의 책망은 무엇을 책망함이냐 26 너희가 남의 말을 꾸짖을 생각을 하나 실망한 자의 말은 바람에 날아가느니라 27 너희는 고아를 제비 뽑으며 너희 친구를 팔아 넘기는구나 28 이제 원하건대 너희는 내게로 얼굴을 돌리라 내가 너희를 대면하여 결코 거짓말하지 아니하리라 29 너희는 돌이켜 행악자가 되지 말라 아직도 나의 의가 건재하니 돌아오라 30 내 혀에 어찌 불의한 것이 있으랴 내 미각이 어찌 속임을 분간하지 못하랴 7:1 이 땅에 사는 인생에게 힘든 노동이 있지 아니하겠느냐 그의 날이 품꾼의 날과 같지 아니하겠느냐 2 종은 저녁 그늘을 몹시 바라고 품꾼은 그의 삯을 기다리나니 3 이와 같이 내가 여러 달째 고통을 받으니 고달픈 밤이 내게 작정되었구나 4 내가 누울 때면 말하기를 언제나 일어날까, 언제나 밤이 갈까 하며 새벽까지 이리 뒤척, 저리 뒤척 하는구나 5 내 살에는 구더기와 흙 덩이가 의복처럼 입혀졌고 내 피부는 굳어졌다가 터지는구나 6 나의 날은 베틀의 북보다 빠르니 희망 없이 보내는구나 7 내 생명이 한낱 바람 같음을 생각하옵소서 나의 눈이 다시는 행복을 보지 못하리이다 8 나를 본 자의 눈이 다시는 나를 보지 못할 것이고 주의 눈이 나를 향하실지라도 내가 있지 아니하리이다 **9** 구름이 사라져 없어짐 같이 스올로 내려가는 자는 다시 올라오지 못할 것이오니 **10** 그는 다시 자기 집으로 돌아가지 못하겠고 자기 처소도 다시 그를 알지 못하리이다 **11** 그런즉 내가 내 입을 금하지 아니하고 내 영혼의 아픔 때문에 말하며 내 마음의 괴로움 때문에 불평하리이다 **12** 내가 바다니이까 바다 괴물이니이까 주께서 어찌하여 나를 지키시나이까 **13** 혹시 내가 말하기를 내 잠자리가 나를 위로하고 내 침상이 내 수심을 풀리라 할 때에 **14** 주께서 꿈으로 나를 놀라게 하시고 환상으로 나를 두렵게 하시나이다 **15** 이러므로 내 마음이 뼈를 깎는 고통을 겪느니 차라리 숨이 막히는 것과 죽는 것을 택하리이다 **16** 내가 생명을 싫어하고 영원히 살기를 원하지 아니하오니 나를 놓으소서 내 날은 헛 것이니이다 **17** 사람이 무엇이기에 주께서 그를 크게 만드사 그에게 마음을 두고 **18** 아침마다 권징하시며 순간마다 단련하시나이까 **19** 주께서 내게서 눈을 돌이키지 아니하시며 내가 침을 삼킬 동안도 나를 놓지 아니하시기를 어느 때까지 하시리이까 **20** 사람을 감찰하시는 이여 내가 범죄하였던들 주께 무슨 해가 되오리이까 어찌하여 나를 당신의 과녁으로 삼으셔서 내게 무거운 짐이 되게 하셨나이까 **21** 주께서 어찌하여 내 허물을 사하여 주지 아니하시며 내 죄악을 제거하여 버리지 아니하시나이까 내가 이제 흙에 누우리니 주께서 나를 애써 찾으실지라도 내가 남아 있지 아니하리이다 (욥 6:1-7:21)

욥기 6장 2절을 보겠습니다. "나의 괴로움을 달아 보며 나의 파멸을 저울 위에 모두 놓을 수 있다면"(욥 6:2). 욥이 자신이 얼마나 힘든지를 토로하고 있습니다. "바다의 모래보다도 무거울 것이라 그러므로 나의 말이 경솔하였구나"(욥 6:3). 여기서 '경솔하였'다는 표현은 자책하는 의미가 아니라 너무 힘들어서 부지불식간에 비명이 나왔다는 뜻입니다.

고통을 참을 수 없다는 욥

4절부터 나오는 독, 들나귀, 소, 싱거운 것, 달걀의 흰자위는 전부 맛에 관한 이야기입니다. '전능자의 화살이 내게 박히매 나의 영이 그 독을 마셨나니'(욥 6:4). 쓴맛 곧 독을 마신 것입니다. 나귀가 울고 소가 우는 것은 배고파서 우는 것이지 그냥 우는 것이겠느냐, 즉 자신이 아무 이유 없이 비명을 질렀겠느냐는 말입니다. "싱거운 것이 소금 없이 먹히겠느냐 닭의 알 흰자위가 맛이 있겠느냐"(욥 6:6). 이 말은 '내가 독을 마셨다. 그래서 비명이 터져 나오는 것이다'라는 뜻입니다. 앞으로 거슬러 가서 욥기 3장 20절에 가면 "어찌하여 고난 당하는 자에게 빛을 주셨으며 마음이 아픈 자에게 생명을 주셨는고"라고 탄식하는 장면이 나옵니다. 여기서 '마음이 아픈 자'라는 말은 '마음이 쓴 자'라는 뜻입니다. 지금 욥이 하는 하소연은 감당할 수 없는 고난과 고통, 이해할 수 없는 환난에 관한 것들입니다.

8절 이하를 보면 "나의 간구를 누가 들어 줄 것이며 나의 소원을 하나님이 허락하시랴 이는 곧 나를 멸하시기를 기뻐하사 하나님이 그의 손을 들어 나를 끊어 버리실 것이라"(욥 6:8-9)라는 말씀이 나옵니다. 이 말은 '누가 내 소원을 들어줄 것이냐? 하나님이 들어주시면 얼마나 좋겠느냐? 그러니 나를 빨리 죽여 주옵소서' 하는 내용입니다.

그런 중에도 욥은 이런 고백을 합니다. "그러할지라도 내가 오히려 위로를 받고 그칠 줄 모르는 고통 가운데서도 기뻐하는 것은 내가 거룩하신 이의 말씀을 거역하지 아니하였음이라"(욥 6:10)라고 하여 욥은 지금 당하는 고통이 자기가 하나님 앞에 잘못하여 당하는 고통은 아니라고 끝까지 자신 있게 주장하고 있습니다.

그런 욥이 고난 앞에서 죽음을 원합니다. 자신이 잘못했다고 인정해서가 아니라 자신이 당하는 고통이 너무 심하기 때문입니다. 욥기의 핵심은 이것입니다. 욥이 당하는 고통은 무엇인가, 왜 생겼는가, 하나님은 왜 그렇게 하셨는가 하는 점입니다. 친구들은 자꾸만 잘못짚습니다. 고통의 원인을 계속해서 욥의 책임으로 돌립니다. 그렇다고 이 과정이 불필요했던 것은 아닙니다. 도덕 질서의 견고함이라는 것은 신앙의 첫 번째 틀이기 때문입니다. 도덕 질서란 가장 기본적인 틀이라고 할 수 있습니다. 그러나 그것이 전부가 아니라는 것을 욥기는 알려 줍니다.

품꾼의 날과 같은 인생

도덕 질서라는 분명한 첫 번째 틀이 있습니다. 이 틀을 깨어 놓고 고급한 틀로 못 가면 큰일입니다. 기본 틀을 깼다면, 이제 거기서 더 나아가야 합니다. 7장을 봅시다.

> 이 땅에 사는 인생에게 힘든 노동이 있지 아니하겠느냐 그의 날이 품꾼의 날과 같지 아니하겠느냐 좋은 저녁 그늘을 몹시 바라고 품꾼은 그의 삯을 기다리나니 이와 같이 내가 여러 달째 고통을 받으니 고달픈 밤이 내게 작정되었구나 내가 누울 때면 말하기를 언제나 일어날까, 언제나 밤이 갈까 하며 새벽까지 이리 뒤척, 저리 뒤척 하는구나 내 살에는 구더기와 흙 덩이가 의복처럼 입혀졌고 내 피부는 굳어졌다가 터지는구나 나의 날은 베틀의 북보다 빠르니 희망 없이 보내는구나 내 생명

이 한낱 바람 같음을 생각하옵소서 나의 눈이 다시는 행복을 보지 못하리이다 나를 본 자의 눈이 다시는 나를 보지 못할 것이고 주의 눈이 나를 향하실지라도 내가 있지 아니하리이다 구름이 사라져 없어짐 같이 스올로 내려가는 자는 다시 올라오지 못할 것이오니 그는 다시 자기 집으로 돌아가지 못하겠고 자기 처소도 다시 그를 알지 못하리이다 (욥 7:1-10)

욥은 친구들의 힐문에 대답하다가 이제 돌아섭니다. 그들에게는 답이 없기 때문입니다. 그래서 하나님에게로 갑니다. "하나님, 인생은 고달픕니다. 하나님이 이렇게 고달프게 하셨습니다. 전쟁 때와 같고 품꾼의 날과 같은 것이 인생입니다. 빨리 끝나는 것밖에 바랄 것이 없는 게 인생입니다." 이렇게 욥은 하나님 앞에 하소연하기 시작합니다. "그러니 이 고통을 빨리 끝내 주십시오. 끝장을 보여 주십시오."

이어서 그다음 절을 보기 전에 6장 서두에 나왔던 말씀을 다시 봅시다. "나의 괴로움을 달아 보며 나의 파멸을 저울 위에 모두 놓을 수 있다면 바다의 모래보다도 무거울 것이라 그러므로 나의 말이 경솔하였구나"(욥 6:2-3). 이와 비슷한 탄식이 7장에서도 반복되어 나옵니다. "그런즉 내가 내 입을 금하지 아니하고 내 영혼의 아픔 때문에 말하며 내 마음의 괴로움 때문에 불평하리이다"(욥 7:11). '경솔히 말하고 불평한다'는 것은 너무 힘들어서 입을 닫고 있을 수가 없다는 뜻입니다. 6장과 7장 사이에 내용의 진전은 없습니다. 하나님이 욥에게 고통을 너무 많이 주셔서 욥이 입을 다물고 참고 있을 수가 없는 상황이라는 것을 알고 읽는 것이 중요합니다. 그가 참을 수 있었으면 결단코 첫 번째 틀을 깨고 두 번째 틀로 진입하지 못했을 것입니다.

자신이 가진 틀이 깨지는 과정은 괴롭습니다. 그러나 복된 일입니다. 이것이 욥기의 가치입니다. 신앙생활은 다만 죄를 짓지 않는 것으로 훌륭해지지 않습니다. 다만 유능해지는 것으로 완성되지 않습니다. 욥기가 그것을 가르쳐 주고 있습니다.

7장 12절부터 봅시다. "내가 바다니이까 바다 괴물이니이까 주께서 어찌하여 나를 지키시나이까"(욥 7:12). 여기 '바다 괴물'을 개역한글판 성경에서는 '용'이라고 번역했습니다. 바다나 바다 괴물이라는 것은 세상에 혼돈과 재앙을 일으키는 존재를 뜻합니다. '내가 사고라도 칠까 봐 걱정하십니까? 나 같은 게 뭐라고 그러십니까?' 하는 말입니다.

13절 말씀은 한시도 마음 놓을 수 없는 욥의 현실을 묘사합니다. "혹시 내가 말하기를 내 잠자리가 나를 위로하고 내 침상이 내 수심을 풀리라 할 때에"(욥 7:13). 잠을 자면 고통의 시간이 잠깐 잊힙니다. 그래서 잠이라도 좀 자서 이 고통을 잠시 넘어가려고 하면 주께서 꿈에까지 쳐들어온다는 것입니다. "주께서 꿈으로 나를 놀라게 하시고 환상으로 나를 두렵게 하시나이다 이러므로 내 마음이 뼈를 깎는 고통을 겪으니 차라리 숨이 막히는 것과 죽는 것을 택하리이다 내가 생명을 싫어하고 영원히 살기를 원하지 아니하오니 나를 놓으소서 내 날은 헛 것이니이다"(욥 7:14-16). '죽게 놓아두십시오. 하나님, 인생은 고달픕니다'라는 비명입니다. 그런데 하나님은 거기서 욥을 구제해 주시려는 것 같지 않습니다.

사람이 무엇이기에

7장 15절 이하에서 욥은 "이러므로 내 마음이 뼈를 깎는 고통을 겪으니 차라리 숨이 막히는 것과 죽는 것을 택하리이다 내가 생명을 싫어하고 영원히 살기를 원하지 아니하오니 나를 놓으소서 내 날은 헛 것이니이다"(욥 7:15-16)라고 하면서 자신이 죽어야 하는 이유에 대해 이렇게 토를 답니다.

사람이 무엇이기에 주께서 그를 크게 만드사 그에게 마음을 두시고 아침마다 권징하시며 순간마다 단련하시나이까 주께서 내게서 눈을 돌이키지 아니하시며 내가 침을 삼킬 동안도 나를 놓지 아니하시기를 어느 때까지 하시리이까 사람을 감찰하시는 이여 내가 범죄하였던들 주께 무슨 해가 되오리이까 어찌하여 나를 당신의 과녁으로 삼으셔서 내게 무거운 짐이 되게 하셨나이까 주께서 어찌하여 내 허물을 사하여 주지 아니하시며 내 죄악을 제거하여 버리지 아니하시나이까 내가 이제 흙에 누우리니 주께서 나를 애써 찾으실지라도 내가 남아 있지 아니하리이다 (욥 7:17-21)

욥이 할 수 있는 선택은 이것밖에 없습니다. 답은 없고 현실을 이해할 수도 없으니 죄짓지 않고 빨리 죽는 것 외에는 방법이 없는 것입니다. 그래서 욥은 "사람이 무엇이기에 주께서 그를 크게 만드사 그에게 마음을 두시고 아침마다 권징하시며 순간마다 단련하시나이까"(욥 7:17-18) 하고 비명을 지릅니다. '사람이 무엇이기에'라는 표현은 주의해서 보아야 합니다. 동일한 표현이 시편에도 나와 있습니다.

> 여호와 우리 주여 주의 이름이 온 땅에 어찌 그리 아름다운지요 주의 영광이 하늘을 덮었나이다 주의 대적으로 말미암아 어린 아이들과 젖먹이들의 입으로 권능을 세우심이여 이는 원수들과 보복자들을 잠잠하게 하려 하심이니이다 주의 손가락으로 만드신 주의 하늘과 주께서 베풀어 두신 달과 별들을 내가 보오니 사람이 무엇이기에 주께서 그를 생각하시며 인자가 무엇이기에 주께서 그를 돌보시나이까 그를 하나님보다 조금 못하게 하시고 영화와 존귀로 관을 씌우셨나이다 주의 손으로 만드신 것을 다스리게 하시고 만물을 그의 발 아래 두셨으니 곧 모든 소와 양과 들짐승이며 공중의 새와 바다의 물고기와 바닷길에 다니는 것이니이다 여호와 우리 주여 주의 이름이 온 땅에 어찌 그리 아름다운지요 (시 8:1-9)

이 시는 인간에게 존귀와 영광을 허락하신 하나님을 찬송하는 내용입니다. 하나님이 인간을 얼마나 높고 귀하게 만드셨는지에 대해 감탄하고 있습니다. '사람이 무엇이기에'가 욥기에서는 한탄의 자리에서 쓰였지만, 이 시에서처럼 경탄의 자리에서도 쓰인 것입니다. 둘이 묶여 있습니다.

우리는 우리가 존귀하게 지어졌다는 사실을 짐으로 여길 때가 있습니다. 그래서 이런 기도로 타협하곤 합니다. '쉽게 살게 해 주십시오. 남에게 해 끼치지 않고, 손가락질 받지 않고, 착하게 살다가 얼른 죽어 하나님 나라에서 영원한 복락을 누리게 하옵소서!' 그런데 하나님이 그렇게는 못 하겠다고 말씀하시는 것이 욥기입니다.

하나님은 우리를 겨우 그 정도로 만들지 않았다고 하십니다. 우리를 향한 하나님의 목적이 이루어지기까지 하나님은 우리를 그냥 두지 않으십니다. 우리가 도덕 질서 체계를 통해서 '인간은 짐승과 다르다. 인간이라면 이 정도는 되어야 한다'에 공감했다면, 이제 욥기를 따라가면서는 인간을 그 이상의 존재로 빚으신 하나님을 만나야 합니다. '사람이 무엇이기에 하나님이 이런 존귀로 관을 씌우셨습니까' 하는 공감과 항복을 받아 내기 위한 하나님의 인도하심에 동참해야 하는 것입니다.

주께서 겟세마네 동산에서 하신 기도를 기억하십시오. '내 아버지여 만일 할 만하시거든 이 잔을 내게서 지나가게 하옵소서'(마 26:39). 욥의 기도와 다르지 않습니다. 우리 모두의 신앙 현실이 그러합니다. 하나님이 외면하셔서도 아니고 우리 기도에 응답하시지 않아서도 아닙니다. 하나님이 우리의 구원을 값싼 것으로 만들지 않기로 하셔서 그렇습니다. 덕분에 우리가 고단한 인생을 살 수밖에 없게 되었지만, 그것이 우리에게 명예와 자랑이라는 사실에 감격하는 날이 올 것입니다. 예수의 부활이 그것을 증언하고 있습니다.

초대 교회를 시작하게 한 예수의 부활과 성령 강림은 예수의 십자가가 있었기에 가능했던 것입니다. 이 증언이 모든 신자의 생애 속에 당연히 있어야 합니다. 울부짖음과 눈물, 한탄과 공포와 절망, 그리고 승리의 반전과 기적과 놀라운 탄성이 없다면, 그것이 어찌 예수를 믿는 것이겠습니까? 그저 동호회에 불과한 것입니다. 그렇게 살지 말고 예수를 믿는다는 말의 무게와 영광을 알고 순종하기로 결단하십시오.

질문하기

1.

욥기에 나타난 신앙의 첫 번째 틀은 무엇입니까?

_____

2.

어떠한 과정이 욥기의 가치이며, 괴롭지만 복된 일입니까?

_____

3.

욥기에서 '사람이 무엇이기에'라는 표현은 한탄의 자리에서 쓰입니다. 이 표현이 시편 8편에서는 어떤 자리에서 쓰입니까?

_____

나누기

우리도 쉽게 살게 해 달라고 타협하고 있지는 않은지 우리 신앙을 돌아보며 나누어 봅시다.

06 빌닷_
전통에 승복하고 기다리라

1 수아 사람 빌닷이 대답하여 이르되 **2** 네가 어느 때까지 이런 말을 하겠으며 어느 때까지 네 입의 말이 거센 바람과 같겠는가 **3** 하나님이 어찌 정의를 굽게 하시겠으며 전능하신 이가 어찌 공의를 굽게 하시겠는가 **4** 네 자녀들이 주께 죄를 지었으므로 주께서 그들을 그 죄에 버려두셨나니 **5** 네가 만일 하나님을 찾으며 전능하신 이에게 간구하고 **6** 또 청결하고 정직하면 반드시 너를 돌보시고 네 의로운 처소를 평안하게 하실 것이라 **7** 네 시작은 미약하였으나 네 나중은 심히 창대하리라 **8** 청하건대 너는 옛 시대 사람에게 물으며 조상들이 터득한 일을 배울지어다 **9** (우리는 어제부터 있었을 뿐이라 우리는 아는 것이 없으며 세상에 있는 날이 그림자와 같으니라) **10** 그들이 네게 가르쳐 이르지 아니하겠느냐 그 마음에서 나오는 말을 하지 아니하겠느냐 **11** 왕골이 진펄 아닌 데서 크게 자라겠으며 갈대가 물 없는 데서 크게 자라겠느냐 **12** 이런 것은 새 순이 돋아 아직 뜯을 때가 되기 전에 다른 풀보다 일찍이 마르느니라 **13** 하나님을 잊어버리는 자의 길은 다 이와 같

고 저속한 자의 희망은 무너지리니 **14** 그가 믿는 것이 끊어지고 그가 의지하는 것이 거미줄 같은즉 **15** 그 집을 의지할지라도 집이 서지 못하고 굳게 붙잡아 주어도 집이 보존되지 못하리라 **16** 그는 햇빛을 받고 물이 올라 그 가지가 동산에 뻗으며 **17** 그 뿌리가 돌무더기에 서리어서 돌 가운데로 들어갔을지라도 **18** 그 곳에서 뽑히면 그 자리도 모르는 체하고 이르기를 내가 너를 보지 못하였다 하리니 **19** 그 길의 기쁨은 이와 같고 그 후에 다른 것이 흙에서 나리라 **20** 하나님은 순전한 사람을 버리지 아니하시고 악한 자를 붙들어 주지 아니하시므로 **21** 웃음을 네 입에, 즐거운 소리를 네 입술에 채우시리니 **22** 너를 미워하는 자는 부끄러움을 당할 것이라 악인의 장막은 없어지리라 (욥 8:1-22)

욥기 3장에서 욥이 하는 불평과 하나님에 대한 원망을 듣고 세 친구 중 가장 먼저 나서서 훈계한 사람은 엘리바스였습니다. 욥기 4장과 5장은 엘리바스가 계속 훈계하는 이야기입니다. 엘리바스는 인과응보의 원칙을 들어 욥을 꾸짖습니다. 분명 무엇인가 잘못한 것이 있어서 이 재앙이 일어났으니 회개하여 용서를 구하고 하나님 앞에 무릎을 꿇으라는 이야기였습니다. 6장과 7장은 엘리바스의 충고에 대한 욥의 반론입니다. 네 조언은 나와 상관없는 이야기다, 내 생각과 경험을 통해 볼 때 나는 이런 벌을 받을 만한 일을 하지 않았다는 것입니다.

전통이 거치는 과정과 도전

엘리바스에 이어서 이번에는 빌닷이 나섭니다. 빌닷은 전통에 근거하여 충고합니다. '네가 하는 원망과 불평은 한갓 네 짧은 인생에서 얻은 경험에 근거한 것이다. 정신을 차리고 오랜 세월 동안 인류가 쌓아 온 전통을 봐라. 하나님에 관해 누적된 경험과 축적된 고백에 승복하여 기다려라. 그러면 결국 하나님이 복된 결과를 주실 것이다. 네 경험만을 근거로 감히 하나님에 대하여 분을 내지 말고 험담하지 마라'라고 합니다. 빌닷의 말을 읽어 봅시다.

> 청하건대 너는 옛 시대 사람에게 물으며 조상들이 터득한 일
> 을 배울지어다 (우리는 어제부터 있었을 뿐이라 우리는 아는
> 것이 없으며 세상에 있는 날이 그림자와 같으니라) 그들이 네
> 게 가르쳐 이르지 아니하겠느냐 그 마음에서 나오는 말을 하
> 지 아니하겠느냐 (욥 8:8-10)

'우리에게 전승된 옛 시대의 경험과 지혜에 귀를 기울여라. 너나 나나 길어 봐야 겨우 몇십 년 안팎을 사는데, 어떻게 우리의 경험을 근거로 섣불리 큰소리칠 수 있으며 또 성급한 판단을 할수 있겠느냐. 우리보다 앞선 여러 세대에 걸쳐 검증되고 이어져온 전통과 지혜를 마음에 담아 두고 하나님의 의로우심과 성실하심에 대하여 항복하라'는 이야기입니다.

빌닷은 '너와 나는 한평생 겨우 몇십 년을 사는 것이 아니냐.

그런데 하나님에 관하여 우리가 가진 유산은 여러 세대에 걸쳐서 확인된 것이지 않느냐. 그러니 너 한 사람만의 경험으로, 네 개인적인 특별한 경우만을 가지고 하나님을 쉽게 판단하거나 지금까지 물려받은 전통을 깨지 마라. 여러 세대에 걸쳐 확인된 하나님에 대한 인간의 항복이 그리고 그 항복으로 증거된 하나님의 성실하심이 결국 네게 복을 줄 것이다. 그러니 너는 경솔히 행동하지 마라'라고 합니다.

이런 내용이 11절에 이렇게 표현되어 있습니다. "왕골이 진펄 아닌 데서 크게 자라겠으며 갈대가 물 없는 데서 크게 자라겠느냐"(욥 8:11). 땅은 오랫동안 있지만, 그 위에 나는 것들은 피었다가 얼마 지나지 않아 시듭니다. 왕골과 갈대는 피었다가 지지만, 진펄과 흙과 물은 오래도록 있습니다. 그래서 빌닷은 '갈대 같고 왕골 같은 네가 마치 흙과 물보다 더 오래된 자같이 유서 깊은 전통을 가볍고 짧은 네 생애 속에 다 담고 평가하려 하는구나' 하고 꾸짖는 것입니다. 또 "이런 것은 새 순이 돋아 아직 뜯을 때가 되기 전에 다른 풀보다 일찍이 마르느니라"(욥 8:12)라고 하여 욥과 자신은 짧게 살다가 사라져 버리는 존재라는 이야기를 합니다. 13절부터 봅시다.

하나님을 잊어버리는 자의 길은 다 이와 같고 저속한 자의 희망은 무너지리니 그가 믿는 것이 끊어지고 그가 의지하는 것이 거미줄 같은즉 그 집을 의지할지라도 집이 서지 못하고 굳게 붙잡아 주어도 집이 보존되지 못하리라 그는 햇빛을 받고 물이 올라 그 가지가 동산에 뻗으며 그 뿌리가 돌무더기에 서리어서 돌 가운데로 들어갔을지라도 그 곳에서 뽑히면 그 자리도 모르는 체하고 이르기를 내가 너를 보지 못하였다 하리니 (욥 8:13-18)

'한 번 왕성하면 끝없을 것 같은 나무들을 보아라. 이처럼 잘나가고 번성할지라도 서리 한번 내리면 오그라들어 원래 없던 것처럼 말라 버리듯이, 너나 나나 짧은 인생에서의 경험밖에 없는데, 몇백 년 동안 여러 세대에 걸친 모든 조상의 인생과 경험 속에서 확인된 전통을 네가 지금 불만스럽다고 뒤집고 거부하고 반대하고 나올 수 있느냐!' 하는 이야기입니다.

이렇게 전통을 근거로 욥이 빌닷의 도전을 받습니다. 그런데 우리는 욥기의 결론을 알고 있습니다. 욥이 옳았고 세 친구가 틀렸습니다. 유산으로 물려받은 선조들의 경험 속에서 나온 황금률, 금언, 지혜는 물론 옳습니다. 그런데 그것들이 어느 시점에서 전통으로 굳어지고 또 그렇게 굳어지기 위하여 어떤 과정과 도전과 시험을 거치는지에 대해 성경이 다양한 예를 제시하고 있다는 것을 기억해야 합니다.

고정 관념을 깨트리다

구약 성경에서 중요하게 손꼽히는 사건을 나열해 보면, 창조가 있고 출애굽이 있고 바벨론 유수가 있습니다. 하나님이 천지를 만드셨다, 이스라엘 백성이 종 되었던 땅에서 하나님의 구원과

해방을 경험했다, 이스라엘은 불순종하여 바벨론의 포로가 되었다, 이런 사건들은 우리에게 매우 익숙하게 다가옵니다. 그런데 이 세 가지 사건이 당시에는 모두 고정 관념을 깨는 사건이었을 것입니다.

창조가 그렇습니다. 창조란 없는 데서 있는 것을 만드는 것입니다. 우리 상식으로는 무에서 유가 나올 수 없습니다. 오히려 유가 소진되어 무가 됩니다. 죽음이 그렇습니다. 생명에서 죽음으로 가는 것이 우리에게는 자연스럽습니다. 그러므로 창조란 거대한 불연속입니다.

출애굽을 봅시다. 이스라엘 백성은 430년을 애굽에서 종살이하면서 그 생활에 익숙해졌을 것입니다. 그런데 하나님이 어느 날 모세를 보내 열 가지 재앙을 일으키신 다음 이스라엘을 꺼내십니다. 이스라엘 백성들은 얼마나 놀랐겠습니까. 그동안 그들이 의지하고 있던 세계가 깨지는 놀람이었을 것입니다. '바로는 강하고 히브리인은 약하다'는 것이 그들의 세계관이었는데, 어느 날 '히브리인은 강하다'가 된 것입니다. 하나님은 이스라엘의 하나님이시기 때문입니다. 바로가 가진 어떤 힘보다 이스라엘 민족이 섬기는 하나님의 능력이 더 강합니다. 이스라엘은 홍해를 건너고 만나를 먹고 구름 기둥과 불기둥으로 인도를 받으며 가나안을 정복해 들어갑니다.

이스라엘은 자신들이 가나안을 정복했으니 거기서 영원무궁하도록 살 줄 알았는데, 바벨론 유수가 일어납니다. 그들은 얼마나 놀랐겠습니까. 그동안 가졌던 전통이나 고정 관념에서 벗어나 또 얼마나 새로운 내용을 가지게 되었겠습니까.

신약은 훨씬 더합니다. 십자가가 무엇입니까? 하나님이 오셔서 죽으셨다는 것 아닙니까. 말이 안 되는 이야기입니다. 그리고 죽으신 예수가 부활하십니다. 그런 다음 성령께서 강림하십니다. 창조가 큽니까, 부활이 큽니까? 우리는 이 둘을 비교할 수가 없습니다.

경험이 쌓이면 고정 관념이 생기고, 고정 관념이 굳어지면 거기에 안주하는 경향이 있습니다. 그런데 하나님은 그것을 깨십니다. 사실 '하나님이 고정 관념을 깨신다'는 말에는 어폐가 있습니다. 깬다는 것은 있던 것을 부수어서 무효로 만든다는 개념인데, 고정 관념이란 우리에게나 있는 것이지 하나님에게는 없는 것이기 때문입니다. 엘리바스가 증언한 하나님이 전부가 아니고, 빌닷이 증언한 하나님이 전부가 아닙니다.

그래서 신약 시대를 살아가는 우리는 '나는 예수를 믿는다'라고 이야기함으로써 인류 역사상 지금까지 증언했던 어떤 방식과도 다른, 하나님에 대한 최고의 증거를 가지게 된 것입니다. 바로 예수로 말미암은 증언입니다. 히브리서에서 "옛적에 선지자들을 통하여 여러 부분과 여러 모양으로 우리 조상들에게 말씀하신 하나님이 이 모든 날 마지막에는 아들을 통하여 우리에게 말씀하셨으니 이 아들을 만유의 상속자로 세우시고 또 그로 말미암아 모든 세계를 지으셨느니라"(히 1:1-2)라고 나와 있듯이, 마침내 하나님이 그 아들을 보내어 하나님 자신을 보이셨습니다. 우리가 그 증거를 가지고 있습니다.

하나님은 성경에 기록된 모든 사건이 우리 각자의 것이 되게 하는 일을 인류 역사 내내 하고 계십니다. 부모가 믿는다고 해서 그 자녀가, 안 믿는 가정의 자녀보다 더 나은 조건을 가지고 태어나지는 않습니다. 우리 모두가 창조와 출애굽과 바벨론 유수와 십자가와 부활과 성령 강림을 각자 경험하며, 그 속에서 하나님이 성경에서 증거하신 역사로 드러난 진면목을 확인하게 되는데, 이 일을 위해 하나님이 줄곧 일하고 계십니다.

흔드시는 하나님

우리가 하나님의 통치 아래에 있다는 것은 법이나 규칙 같은 틀속에 갇혀 있는 것과 다르다는 사실을 욥기가 알려 주고 있습니다. 법이나 규칙이 큰 틀인 것은 맞지만, 하나님의 통치는 더 고급한 관계를 근거로 존재하는 것입니다. 욥기 말미에 가면 욥은 하나님을 만납니다. 하나님이 욥을 만나 주신다는 사실에서 우리는 하나님이 법이나 규칙, 도덕성, 역사, 전통 같은 것으로 개념화되는 대상이 아니라 인격자라는 사실을 알게 됩니다. 하나님은 우리를 만나 주십니다. 그리고 설명해 주십니다.

물론 우리는 우리의 일을 하고 하나님은 하나님의 일을 하셔서 서로 안 만나는 것이 제일 좋다고 생각할 것입니다. 그러나 인생은 그렇게 간단하지 않습니다. 인간이라는 존재가 그렇게 간단하지 않습니다. 하나님이 그렇게 만들지 않으셨습니다.

우리는 현실 속에서 많은 문제들을 만납니다. 기억해야 할 것은 그 문제들이 전부 해결되어야 하는 것은 아니라는 것입니다. 오히려 그 문제들 속에서 하나님을 더 깊이 알게 되고, 우리의 존재 가치에 대한 하나님의 뜻을 더 분명하게 깨닫게 되는 경우가 많습니다. 이런 이유로 우리는 고민이 그치지 않는 삶, 괴로운 현실을 살아가는 것입니다.

잘 살고 있는 욥을 흔드시는 하나님이십니다. 그러니 생각하십시오. 더 깊이 생각하십시오. 기독교 신앙은 간단하지 않습니다. 아무 걱정 없이 잘 먹고 잘 사는 정도로 만족하는 삶은 하나님을 모독하는 것입니다. 우리가 누구의 부름을 받았는지, 누구의 인도함을 받고 있는지, 우리의 운명이 누구의 손에 붙들렸는지 깨달아 더욱 진지하고 깊게 생각하고, 진심으로 그 내용을 채워 가는 열심과 각오가 있기를 바랍니다.

질문하기

1.

빌닷은 무엇에 근거하여 욥에게 충고합니까?

2.

선조들의 경험 속에서 나온 황금률, 금언, 지혜에 대해서 성경은
다양한 예를 제시하여 무엇을 말합니까?

3.

하나님은 고정 관념을 깨는 사건들을 통해 무슨 일을 내내 하고
계십니까?

나누기

문제가 해결되지 않아 하나님을 더 깊이 알게 된 경험이 있다면
나누어 봅시다.

07 욥_
전통보다 크신 이가 있다

1 내 영혼이 살기에 곤비하니 내 불평을 토로하고 내 마음이 괴로운 대로 말하리라 2 내가 하나님께 아뢰오리니 나를 정죄하지 마시옵고 무슨 까닭으로 나와 더불어 변론하시는지 내게 알게 하옵소서 3 주께서 주의 손으로 지으신 것을 학대하시며 멸시하시고 악인의 꾀에 빛을 비추시기를 선히 여기시나이까 4 주께도 육신의 눈이 있나이까 주께서 사람처럼 보시나이까 5 주의 날이 어찌 사람의 날과 같으며 주의 해가 어찌 인생의 해와 같기로 6 나의 허물을 찾으시며 나의 죄를 들추어내시나이까 7 주께서는 내가 악하지 않은 줄을 아시나이다 주의 손에서 나를 벗어나게 할 자도 없나이다 8 주의 손으로 나를 빚으셨으며 만드셨는데 이제 나를 멸하시나이다 9 기억하옵소서 주께서 내 몸 지으시기를 흙을 뭉치듯 하셨거늘 다시 나를 티끌로 돌려보내려 하시나이까 10 주께서 나를 젖과 같이 쏟으셨으며 엉긴 젖처럼 엉기게 하지 아니하셨나이까 11 피부와 살을 내게 입히시며 뼈와 힘줄로 나를 엮으시고 12 생명과 은혜를 내게 주시고 나를 보살피심으로 내 영을 지키셨나이다 13 그러한데 주께서 이것들

을 마음에 품으셨나이다 이 뜻이 주께 있는 줄을 내가 아나이다 **14** 내가 범죄하면 주께서 나를 죄인으로 인정하시고 내 죄악을 사하지 아니하시나이다 **15** 내가 악하면 화가 있을 것이오며 내가 의로울지라도 머리를 들지 못하는 것은 내 속에 부끄러움이 가득하고 내 환난을 내 눈이 보기 때문이니이다 **16** 내가 머리를 높이 들면 주께서 젊은 사자처럼 나를 사냥하시며 내게 주의 놀라움을 다시 나타내시나이다 **17** 주께서 자주자주 증거하는 자를 바꾸어 나를 치시며 나를 향하여 진노를 더하시니 군대가 번갈아서 치는 것 같으니이다 **18** 주께서 나를 태에서 나오게 하셨음은 어찌함이니이까 그렇지 아니하셨더라면 내가 기운이 끊어져 아무 눈에도 보이지 아니하였을 것이라 **19** 있어도 없던 것 같이 되어서 태에서 바로 무덤으로 옮겨졌으리이다 **20** 내 날은 적지 아니하니이까 그런즉 그치시고 나를 버려두사 잠시나마 평안하게 하시되 **21** 내가 돌아오지 못할 땅 곧 어둡고 죽음의 그늘진 땅으로 가기 전에 그리하옵소서 **22** 땅은 어두워서 흑암 같고 죽음의 그늘이 져서 아무 구별이 없고 광명도 흑암 같으니이다

(욥 10:1-22)

욥은 고통스러운 현실에 처해 있습니다. 친구들은 욥에게 법과 도덕률, 전통과 경험을 들어 충고하고 회개를 촉구합니다. 잘못을 인정하고 주님이 주시는 벌을 순순히 받으면 다시 형통한 날, 복 받는 날이 온다고 합니다. 그러한 도덕률과 규칙과 전통과 지혜를 욥이 모르는 것이 아닙니다. 욥도 이제까지 그러한 틀 속에서 살아왔습니다. 하지만 그런 것으로는 지금 자신이 처한 현실을 설명할 수 없다고 항변하는 중입니다.

전통은 보완이 필요하다

욥기 10장으로 넘어오면서 욥은 이전과는 달리 중요한 진전을 보입니다. "주께서 주의 손으로 지으신 것을 학대하시며 멸시하시고 악인의 꾀에 빛을 비추시기를 선히 여기시나이까"(욥 10:3). 드디어 하나님에게 이런 질문을 하기에 이른 것입니다. "하나님이 저를 지으셨습니다. 그런데 하나님의 지혜와 능력의 부족으로 제가 잘못될 수 있습니까? 하나님이 지으신 것을 악이 훼방하여 실패하게 허용할 수 있습니까?" 만일 신앙이라는 것이 견고한 도덕 법칙 혹은 전통과 지혜 속에 구축되어 있는 것이라면, 그 틀은 깨지면 안 됩니다. 그 틀을 견고히 하고 그 속에서 정답과 오답을 논해야 합니다. 그런데 지금 욥은 그 틀로는 설명할 수 없는 현실에 직면하여 그 틀을 만드신 이를 더듬어 찾으며 그 주인에게 부르짖고 있습니다.

전통 혹은 하나의 고정 관념이 형성되기 위해서는 어떤 과정을 거쳐야 할까요? 오랜 전통이라는 것은 결국 많은 예외들에 의해서 도전을 받고 그 도전에 응답하여 깊이와 넓이와 무게를 지닐 때 비로소 세워질 수 있는 것입니다.

빌닷이 "너는 오래 살아야 겨우 수십 년이고 하나님은 영원하신 분인데, 어떻게 네 경험으로 하나님의 뜻을 다 이해하고 분별하고 판단할 수 있단 말인가?"라고 하여 전통의 시간성에 무게를 두었듯이, 욥도 자신이 짧은 경험 속에 있다는 사실을 고백합니다. 그러나 욥은 전통이 얼마큼의 시간과 얼마큼의 경우가 누적되어야 형성되는지에 대하여 "지금 내가 가지는 예외와 특별함이, 전통이라는 틀을 깨는 것이 아니라 오히려 전통을 보완해야 할 필요성에 대한 도전일 수 있지 않느냐? 이런 일을 계기로 우리가 더 깊은 답을 찾아볼 수 있지 않느냐?" 하는 것입니다.

이 부분에 대한 우리의 보편적인 경험은 자연주의입니다. 자연주의란 인간이 살면서 자연스레 가지게 되는 세계관입니다. 자연주의에서 말하는 세상은 자연법칙과 인과율에 의해서 움직입니다. 해는 동쪽에서 뜨고, 겨울은 춥고 여름은 덥고, 비가 많이 오면 홍수가 나고 비가 안 오면 가뭄이 든다, 이런 것이 자연법칙입니다. 이런 것은 인류 역사에서 언제나 동일한 규칙으로 변함없이 움직이고 있기 때문에 특별한 예외들을 만나지 않으면-우리처럼 기독교인이 되거나 다른 일들이 생기지 않는 한-모든 인류는 자연주의를 따를 수밖에 없습니다.

자연주의는 그 특징이 '반복'에 있기 때문에 그 결과로 윤회를 파생합니다. 윤회, 즉 세상은 반복된다고 보는 것입니다. 자연주의에 종교적 색채를 입히면, 불교 사상에서 보듯 죽고 다시 태어나고 다시 죽고 태어나는 반복 즉 한 존재가 다른 세계에서 다시 태어난다고 하여 인류라는 이름으로 반복되는 영원한 윤회를 이야기하게 됩니다. 생을 반복하는 것이 자연이고, 인류 또한 그 자연의 일부라고 이해하는 것이 자연주의입니다.

자연주의의 약점은 예외 없이 허무주의로 갈 수밖에 없다는 것입니다. 끝없는 쳇바퀴를 돌듯이 같은 자리를 영원히 맴돌아야 한다면 특별히 열심을 낼 이유도 의미도 목적도 없게 됩니다. 그리하여 계몽주의 이후 숙명론에서 벗어난 유럽 사회는 실존주의로 가게 됩니다. 실존과 실존주의는 다른 말입니다. 실존주의란 허무주의를 깨기 위하여 인간의 고유한 권리를 주장하는 사상입니다. 여기서 인간의 고유한 권리란 선택권을 의미하는데, 모든 선택권은 자기 자신에게 있다고 주장하는 것입니다. 그 선택이 옳으냐 그르냐를 떠나서 자기 자신이 선택을 한다는 데 의미를 두는 것입니다. 자연주의에서는 옳고 그름의 문제가 없으니 허무주의로 치닫는데, 이 자연주의의 허망함을 깨기 위하여 인간의 가치를 확인하는 선택권 즉 거부권만 있는 실존주의가 나온 것입니다.

대표적으로 자연주의가 그러했듯, 법칙이 궁극적 권위라고 생각하는 지점에서 허무의 문제를 풀어 가지 못하고 있다는 점을 눈여겨보아야 합니다. 우선 도덕이나 전통과 같은 것은 모두 하나의 틀에 불과하다는 사실을 깨닫는 것이 중요합니다. 그러나 우리가 먼저 이 틀을 깨고 좇아 올라가 하나님을 만날 수는 없기에 이 사실을 깨달을 수가 없었습니다. 신자의 행복은 이런 모든 것이 하나님의 손 아래 있다는 사실을 아는 데서 비롯합니다. 신자에게 자연이란 하나님이 통치하시는 영역이며 은혜를 베푸시는 현장입니다. 냉정한 법칙에 얽매인 기계적 반복이나 순환이 아니라 하나님이 일하시는 장소이며 기회이자 복입니다.

구약의 율법에서 가장 중요한 내용은 이것입니다. 하나님이 우리에게 법을 주신 것은 하나님이 도덕성을 가진 분이시며 그래서 우리에게도 도덕성을 요구하신다는 사실을 보여 주기 위한 것이지, 도덕이 전부라는 이야기를 하기 위한 것이 아닙니다. 그래서 구약의 율법 정신이 신약에 오면 이렇게 표현됩니다. 복음서에서 한 율법사가 예수님에게 어느 계명이 가장 큰지 물었을 때, 예수님은 '하나님을 사랑하고 네 이웃을 네 자신과 같이 사랑하라'는 답을 주셨습니다. 법은 하나님이 기뻐하시는 당신의 속성 중 하나를 드러내는 도구일 뿐, 그것이 유일한 틀은 아닙니다. 하나님이 주인이시므로, 하나님이 일하시는 방법과 하나님이 주시는 선물이 궁극이 아니라 하나님 자체가 궁극이십니다.

하나님에게는 답이 있을 것입니다

욥기에서는 욥이 믿음의 화신으로 등장합니다. 그가 틀을 깨고 있기 때문입니다. 그가 분노하고 있습니다. 이 분노는 하나님을 만나려는 몸부림입니다. 그런데 욥의 친구들은 그런 욥을 자신들이 가진 틀에 계속 맞추려고 합니다. 도덕률, 전통과 같은 틀에 욥을 끼워 맞추려고 하는 것입니다. 반면 욥은 계속 그 틀 너머에 계신 인격자를 만나려고 합니다. 욥기 10장 전체는 욥이 하나님에게 만나 달라고 하는 이야기입니다. 궁극적 권위가 하나님에게 있다, 틀에 있는 것이 아니다, 틀로 사람을 묶을 수 없다, 이런 사실을 욥은 자기도 모르게 깨달아 가기 시작합니다.

10장 8절 이하를 봅시다. "주의 손으로 나를 빚으셨으며 만드셨는데 이제 나를 멸하시나이다 기억하옵소서 주께서 내 몸 지으시기를 흙을 뭉치듯 하셨거늘 다시 나를 티끌로 돌려보내려 하시나이까"(욥 10:8-9). '하나님, 그렇게 애써서 만들어 놓고 그냥 없애 버리시겠다고요?' 하는 이야기입니다. 하나님은 그런 분이 아닙니다. 하나님의 일하심에는 후회가 없습니다. 하나님이 하시는 일에는 실패나 번복이나 포기가 없습니다. 이는 로마서 말씀(롬 11:29)에서도 확인한 내용입니다. 욥은 마침내 이런 고백을 하는 자리까지 옵니다. '하나님, 이런 일은 있을 수 없습니다. 제가 옳다는 이야기가 아니라 하나님이 그러실 수 없는 분임을 제가 알기 때문입니다.'

욥은 자기가 알고 있고 그동안 지켜 왔던 틀로는 담을 수 없는 인간의 고귀함을 보게 됩니다. 이제껏 자신이 가졌던 틀로는 설명할 수 없는 경험을 통해, 그 틀을 뚫고 나와 하나님 앞에 묻게 된 것입니다. 참으로 귀한 일입니다.

10장 18절 이하를 봅시다. "주께서 나를 태에서 나오게 하셨음은 어찌함이니이까 그렇지 아니하셨더라면 내가 기운이 끊어져 아무 눈에도 보이지 아니하였을 것이라 있어도 없던 것 같이 되어서 태에서 바로 무덤으로 옮겨졌으리이다"(욥 10:18-19). 이 말씀은 "하나님, 하나님은 생명을 주셔 놓고 죽음으로 보내는 일을 하실 분이 아닙니다. 하나님은 생명을 주시고 그 생명을 풍성하고 영광되게 하시는 분입니다. 하나님의 창조물인 인간은 그런 영광스러운 존재로 부름받은 것이 맞습니다"라는 고백입니다. 이제 욥은 도덕률이나 전통과 다른, 어떤 관념으로도 묶일 수 없는 인간 본연의 가치를 깨닫기 시작합니다.

욥이 친구들에게 부르짖는 모든 변명을 종합하면 이런 이야기입니다. '너희가 하는 이야기를 나도 안다. 그러나 그것으로 내 문제를 설명하거나 해결할 수 없다. 나는 내 주인이신 하나님에게 찾아가 묻는 수밖에 없다. 그가 다스리시는 통치의 방법, 그의 의로우심, 그의 성실하심, 그의 도덕성 같은 것으로는 답이 안 되니 하나님의 깊고 큰 어떤 것이 나를 이렇게 만들었는지 내가 물어봐야겠다.' 욥은 이런 경지로 인도함을 받습니다.

법칙 혹은 전통과 지혜로 담아낸 현실은 분명한 세상 질서입니다. 그러나 이제 욥은 절망으로밖에는 설명될 수 없는 고난 속에서 그 이유를 알게 됩니다. 해결책이 없는 절망, 설명할 수 없고 답할 수 없는 절망 때문에 욥은 하나님 앞에 부르짖게 됩니다. '인간은 망하도록 창조되었을 리가 없습니다. 망하는 것이 창조의 목적일 리 없습니다. 하나님이 당신의 영광과 승리를 위하여 인간을 만드셨다면 하나님에게 해결책이 있을 것입니다. 지금 제가 알고 있는 것으로는 답이 되지 않습니다. 지금 있는 것으로 답이 되지 않는다면, 하나님에게는 다른 답이 있을 것입니다.'

욥이 믿음의 화신으로 불리는 이유가 여기에 있습니다. 그는 법칙 아래 묶이지 않고 하나님을 계속 찾아 나갔습니다. 하나님에게만 답이 있다는 것을 알았기 때문입니다. 비록 본인이 적극적으로 시작한 모험이 아니라 궁지에 몰려 하나님 외에는 답을 찾을 수가 없다는 절망의 자리에서 외친 아우성으로 시작했지만 서서히 긍정적인 자리로 인도함을 받게 되면서 그는 하나님을 알아 가고 있습니다.

'나는 다만 법칙과 힘으로 설명되는 존재가 아니다. 나는 이해하고 용서하고 은혜를 베푸는 하나님이다.' 하나님은 단순히 이렇게 말씀하시는 정도가 아니라 이 내용을 우리로 각자의 삶 속에서 생각하고 고민하게 하십니다. 그래서 우리가 다만 법칙 속에 안주하고 기계적 이해 속에 보장받는 수준에서 스스로 걸어 나와 '나는 하나님의 자녀입니다. 나는 하나님의 사랑이 필요한 존재라서 감사합니다'라고 고백하도록 밀고 당기고 끌어안고 씨름하십니다. 우리 인생 속에서 우리 자신을 진심으로 항복하게 하시는 하나님입니다. 이런 하나님을 깊이 알아 온전히 항복하는 복된 신자가 되기를 바랍니다.

질문하기

1.

오랜 전통이라는 것은 결국 어떻게 해야만 세워질 수 있는 것입니까?

2.

하나님이 우리에게 주신 법을 어떻게 이해해야 합니까?

3.

욥이 '믿음의 화신'으로 불리는 이유는 무엇입니까?

나누기

법칙 아래 묶이지 않고 하나님을 계속 찾아 나아가는 믿음의 사람으로 살아가도록 서로 격려하고 기도합시다.

08 소발_
네 잘못이나 돌아보라

1 나아마 사람 소발이 대답하여 이르되 2 말이 많으니 어찌 대답이 없으랴 말이 많은 사람이 어찌 의롭다 함을 얻겠느냐 3 네 자랑하는 말이 어떻게 사람으로 잠잠하게 하겠으며 네가 비웃으면 어찌 너를 부끄럽게 할 사람이 없겠느냐 4 네 말에 의하면 내 도는 정결하고 나는 주께서 보시기에 깨끗하다 하는구나 5 하나님은 말씀을 내시며 너를 향하여 입을 여시고 6 지혜의 오묘함으로 네게 보이시기를 원하노니 이는 그의 지식이 광대하심이라 하나님께서 너로 하여금 너의 죄를 잊게 하여 주셨음을 알라 7 네가 하나님의 오묘함을 어찌 능히 측량하며 전능자를 어찌 능히 완전히 알겠느냐 8 하늘보다 높으시니 네가 무엇을 하겠으며 스올보다 깊으시니 네가 어찌 알겠느냐 9 그의 크심은 땅보다 길고 바다보다 넓으니라 10 하나님이 두루 다니시며 사람을 잡아 가두고 재판을 여시면 누가 능히 막을소냐 11 하나님은 허망한 사람을 아시나니 악한 일은 상관하지 않으시는 듯하나 다 보시느니라 12 허망한 사람은 지각이 없나니 그의 출생함이 들나귀 새끼 같으니라 13 만일 네가 마음

을 바로 정하고 주를 향하여 손을 들 때에 **14** 네 손에 죄악이 있거든 멀리 버리라 불의가 네 장막에 있지 못하게 하라 **15** 그리하면 네가 반드시 흠 없는 얼굴을 들게 되고 굳게 서서 두려움이 없으리니 **16** 곧 네 환난을 잊을 것이라 네가 기억할지라도 물이 흘러감 같을 것이며 **17** 네 생명의 날이 대낮보다 밝으리니 어둠이 있다 할지라도 아침과 같이 될 것이요 **18** 네가 희망이 있으므로 안전할 것이며 두루 살펴보고 평안히 쉬리라 **19** 네가 누워도 두렵게 할 자가 없겠고 많은 사람이 네게 은혜를 구하리라 **20** 그러나 악한 자들은 눈이 어두워서 도망할 곳을 찾지 못하리니 그들의 희망은 숨을 거두는 것이니라 (욥 11:1-20)

욥의 친구로는 가장 먼저 엘리바스가 나와서 도덕률의 견고함을 근거로 욥을 책망했고 욥은 자신의 경험이 도덕률로는 다 정리할 수 없는, 깊고도 신비한 현실이라고 답했습니다. 두 번째로는 빌닷이 나와서 '우리가 받는 하나님의 통치와 우리가 가진 하나님에 대한 지식은 오랜 기간에 걸친 경험과 축적된 지혜 속에서 갖게 된 틀이다. 그런데 잠시 사는 존재에 불과한 네가 어찌 그 틀을 깨고 나와서는 네가 옳다고 하여 우리가 가진 고정관념마저 깨려고 하느냐' 하고 따집니다.

이에 욥이 '나도 내가 짧은 인생을 사는, 깊은 지혜를 다 담을 수 없는 존재에 불과하다는 것을 안다. 그러나 그 전통이나 고정관념이라는 것이 어느 날 하늘에서 뚝 떨어진 완벽한 이론이나 완전한 이치가 아니라 오랜 세월에 걸친 시험 과정을 통해 경험 속에서 만들어진 것이 아니냐. 그것이 어떤 식으로 결론에 이르러서 우리의 전통이나 고정 관념으로 굳어졌는지 생각해 보라. 우리의 경험이 전통을 더 발전시키고 깊이를 더하는 일에 쓰일 수도 있지 않느냐?'라고 반문하였습니다. 그러자 이제 등장하는 친구 소발은 '하나님이 더 크시지 않느냐. 아무려면 네가 생각하는 것을 하나님이 모르시겠느냐'라는 말로 충고합니다.

회개하라는 말, 섣불리 하지 마라

욥기 11장에는 하나님에 대한 소발 자신의 이해가 나오고, 그 이해에 근거한 권면이 나옵니다. '하나님이 우리보다 지혜가 더 많으시며 생각이 더 깊으실 것 아니냐. 그러니 너에게 일어난 일에 대해서 하나님에게 불평하려 들거나 이미 있던 틀을 깨려고 하지 말고 네가 무엇을 잘못했는가를 다시 돌아보라. 하나님이 틀렸을 가능성보다는 네가 틀렸을 가능성이 더 크지 않겠느냐?' 2절부터 12절까지는 하나님이 능력과 지혜에서 얼마나 광대하신 분인가 하는 내용이고, 13절부터 20절까지는 그러니까 회개하면 하나님이 다 해결해 주시고 마침내 복을 주실 것이라는 내용입니다.

　엘리바스, 빌닷, 소발, 이 세 사람이 제시하는 하나님에 대한 이해가 그 자체로 잘못된 것은 아닙니다. 이들은 모두 진리의 어느 한 부분을 붙잡고 있습니다. 욥기에서도 그들의 이해가 잘못되었다고 하지는 않습니다. 다만 욥이 겪고 있는 이 고난을 담아내기에는 그들의 이해가 부족하다고 말합니다. 이것이 욥기의 중요한 주제입니다. 도덕으로도 담아내지 못하고 전통으로도 담아내지 못하고 신비로도 담아내지 못하는 그 무엇을 욥이 경험하고 있습니다. 가만히 생각해 보면, 우리가 기독교 신앙이라고 이해하는 바가 아마도 이 세 가지 중 어느 하나이거나 이 셋을 적당히 섞어 놓은 것일 수 있습니다. 그러니 이러한 이해를 가지고 타인을 향해 회개하라는 말을 섣불리 해서는 안 됩니다.

하나님은 정말 신비로운 분이십니다. 하나님은 당연히 도덕성을 가지고 계시며, 전통 속에서 당신의 신실하심을 증명하시며 또한 측량할 수 없이 크신 분입니다. 그런데 우리는 이것을 가져다가 자기에게 편리한 방식으로 사용합니다. 쉽게 말해, 나 편하자고 하는 데에 씁니다. 우리가 가장 조심해야 할 점입니다.

우리는 옆에서 누가 괴로워하고 의심하고 고통스러워하고 불평하는 것을 못 견딥니다. 자기도 불안하기 때문입니다. 내가 완전하고 충만하면 옆에서 누가 불만을 토하거나 비명을 질러도 괜찮겠지만, 나도 아슬아슬한데 옆에서 누가 넘어지면 그 여진이 나한테까지 올 것이 너무 뻔하니까 상대방을 들볶는 것입니다. "내 말 들어라. 그리고 잠잠해라. 비명 좀 그만 질러라. 그렇지 않아도 힘들어 죽겠고 불안해 죽겠는데, 왜 너마저 겁을 주냐?" 하는 싸움입니다.

그런데 잘 생각해 봅시다. 소발이 충고하는 욥기 11장 13절부터 마지막 절까지는 회개하라는 내용인데, 사실 회개란 죄를 고백했으니 안심하여 자기 확인을 하는 것이 아닙니다. 회개는 자기가 아는 길, 자기가 확실하다고 여기는 길을 하나님에게 맡기는 것입니다. 대개 예수를 처음 믿을 때 회개하는데, 이때의 회개는 길을 돌이킨다는 뜻으로 사용합니다. 하나님을 모르던 데서 하나님의 통치에 순종하는 길로 돌이킨다는 의미입니다. 그런데 이때의 돌이킴은 주로 윤리적인 차원으로 이해됩니다. 거짓말하던 것을 이제 안 한다는 식입니다.

그런데 성경이 말하는 회개는 여기서 더 나아갑니다. 우리는 하나님에게 순종할 때 하나님이 누구신가에 대한 이해까지 깊이 나아가지는 않습니다. 하나님은 사랑이시다, 하나님은 거룩하시다, 하는 정도까지만 생각하는데, 그마저도 구체적이지 않고 모호하게 알고 있습니다. 그런데 이런 모호한 이해로는 안심이 되지 않으니까, 서로를 애써 외면하고 더 깊은 질문이나 갈등은 피하면서 조마조마하게 예수를 믿고 삽니다.

하나님 앞에 도대체 무엇을 구하십니까? 내 불안과 내 의심과 내 모호함을 없애 달라고 구할 뿐, 하나님을 더 알게 해 달라고 구하지는 않습니다. 그래서 오랜 시간 하나님을 믿어 왔어도 하나님에 대해서 그만큼 많이 안다고 자신 있게 이야기할 수 없는 이상한 신앙을 가지게 되었습니다. 욥기는 이에 대한 도전입니다. 욥기에서 보는 이 신비는, 우리는 하나님을 다 이해하고 측량할 수 없는데, 결국 하나님이 우리를 이 자리로 초대하신다는 데에 있습니다.

묶을 수 없고 이해할 수 없는, 말이 안 되는 이야기

우리가 신앙생활을 하면서 겪는 큰 시험 중 하나는, 우리가 간절하게 구하는 것을 하나님이 감춰 두시고 절대 확인시켜 주지 않으시는 것 같다는 생각입니다. 또 우리가 볼 때는 가짜인 사람이 큰소리치고 보상을 받고 있는 현실입니다. "하나님, 억울합니다. 저 가짜가 왜 큰소리치고 대접을 받고, 진짜는 이렇게 묻히고 감춰지고 비실거려야 합니까?" 이런 우리의 호소에 대해 하나님은 너 참아라, 너 겸손해라, 너 양보해라, 너 희생해라, 하는 말로 억압하시지 않습니다. 대신 하나님의 측량 못할 크기를 깨달으라고 하십니다. 강요로 이를 수 없는 자리이기 때문입니다.

우리가 옳을 때는 이 부분에서 걸려 넘어집니다. 옳기 때문에 그렇습니다. 그래서 다른 사람들의 공감을 받고 지지를 얻을 때가 오히려 위험합니다. 욥기에서 지금 누가 옳다고 주장하고 있습니까? 욥의 세 친구입니다. 친구 셋이 들러붙어서 욥에게 틀렸다고 판단합니다. 욥은 현실 속에서 홀로 고난을 받고 있으니까 변명의 여지가 없습니다. 잘했는데, 고난을 당하고 있는 것입니다. 그러니 욥은 죽을 맛입니다. 세 친구가 하는 이야기, 도덕률이나 전통이나 신비에 관해 욥이 모르는 것도 아니고 경험이 없는 것도 아닌데, 그것으로 해결되지 않는 이상한 상황에 붙잡혀 있습니다. 뭐가 뭔지 모르겠는 것입니다.

우리가 신앙생활을 하면서 만난 하나님은 어떤 분이십니까? 이런 질문을 받으면, 막막한 생각이 듭니다. 그래서 대개는 생각을 중단하고 현실의 어려움을 미봉책으로 삼아 대충 넘어가려고 합니다. 어떻게 해서든지 자기를 안심시킬 수 있는 답을 찾습니다. 하나님이 무엇을 하시려는지에 대해서는 생각하지 않습니다. 이 점에 대해서는 욥이 대답하는 장면에서 좀 더 깊이 들어가 보기로 하고, 본문 말씀에서 소발이 주장하는 하나님에 대해서도 생각할 점이 있습니다.

하나님은 누구신가

하나님이 누구신가에 대한 더 깊은 이해가 없으면 현실을 신앙으로 담아내지 못하는 결과가 생깁니다. 신앙으로 현실을 담아내지 못하면 책임을 추궁할 대상을 필요로 하게 됩니다. 하나님에게는 덮어씌울 수 없으니까 다른 나쁜 놈이 필요하게 됩니다. 그 대상은 정치인일 수도 있고 어릴 적 담임 선생님일 수도 있고 이웃일 수도 있습니다. 책임을 물을 그 누군가를 찾는 것입니다. 그래서 '이 세상이 아무리 크다 한들 다 하나님의 세계다. 하나님이 세상을 통치하신다. 공중에 나는 새를 보고 들에 핀 백합화를 보아라. 오늘 있다가 내일 아궁이에 던져지는 들풀도 하나님이 이렇게 입히시거늘 하물며 너희일까 보냐 믿음이 작은 자들아' 하는 말씀 속에는 죽어도 못 들어오는 것입니다. 자기 인생을 하나님의 인도하심에 맡기지 못합니다. 그래서 우리의 신앙은 얄팍합니다.

현실에서 일어나는 부조리, 긴장, 갈등, 억울함, 무거움, 막막함을 들고 하나님에게 나아가십시오. 하나님 앞에 가서 그 문제를 해결하라는 것이 아니라 하나님이 얼마나 크신 분인가를 보라는 것입니다. 하나님은 다만 옳고 그름을 판단해서 상을 주고 벌을 주시는 하나님, 열심을 다해서 기도하면 응답하고 등 두드려 주시는 하나님, 우리가 그분을 외면하면 그분도 우리를 외면하는 하나님이 아니라는 것입니다. 이렇게 작은 분이 아니라는 이야기입니다. 그것은 우리도 마찬가지입니다.

인간 세계에서도 옳고 그름만으로 관계를 맺지 않습니다. 인간이라는 존재는 도덕보다 큽니다. 어떤 소원보다도 큽니다. 부자가 되고 싶고, 높은 지위를 얻고 싶고, 건강하고 싶은 소원은 사실 그것 자체가 목적이 아닙니다. 행복은 언제나 그런 소원들보다 큽니다. 달리 표현할 수 없어 돈, 지위, 건강 같은 단어를 가져와 행복이라고 말할 뿐입니다. 행복이란 우리가 취득하고 빼앗을 수 있는 사물이 아닙니다.

이런 도전을 통해 욥은 인간이 다만 이기는 것이 전부가 아닌 존재라는 것을 확인하게 됩니다. 하나님이 우리를 그렇게 만드셨습니다. 하나님이 우리의 아버지가 되셨고, 우리를 당신의 자녀로 부르셨습니다. 그는 우리에게 믿음을 요구하시고 거룩함을 요구하시고 사랑을 요구하십니다. 이런 하나님의 크심 앞에 홀로 서십시오. 하나님을 아는 것이 무엇인지를 하나님에게 물음으로써, 우리 삶에 가장 큰 영향을 미치며 우리를 위협하는 세상과 현실을 이기십시오. 하나님을 아는 기쁨, 그의 자녀로 사는 명예, 인생의 신비와 위대함, 용기와 믿음과 기쁨과 자랑을 쟁취하십시오. 구하여 얻으십시오. 그리하여 남의 이야기를 듣는 것으로 때우지 말고, 하나님의 자녀로 사는 기쁨을 실제로 누리십시오.

질문하기

1.

욥에게 '하나님이 더 크시지 않느냐. 아무려면 네가 생각하는 것을 하나님이 모르시겠느냐'라는 말로 권면한 친구는 누구입니까?

2.

회개란 무엇입니까?

3.

현실을 신앙으로 담아내지 못하는 이유는 무엇입니까?

나누기

하나님을 아는 것으로, 우리를 위협하는 세상과 현실을 이겨 본 적이 있다면 나누어 봅시다.

09 욥_
옳은 것으로 답이 되지 않는다

1 욥이 대답하여 이르되 2 너희만 참으로 백성이로구나 너희가 죽으면 지혜도 죽겠구나 3 나도 너희 같이 생각이 있어 너희만 못하지 아니하니 그같은 일을 누가 알지 못하겠느냐 4 하나님께 불러 아뢰어 들으심을 입은 내가 이웃에게 웃음거리가 되었으니 의롭고 온전한 자가 조롱거리가 되었구나 5 평안한 자의 마음은 재앙을 멸시하나 재앙이 실족하는 자를 기다리는구나 6 강도의 장막은 형통하고 하나님을 진노하게 하는 자는 평안하니 하나님이 그의 손에 후히 주심이니라 7 이제 모든 짐승에게 물어 보라 그것들이 네게 가르치리라 공중의 새에게 물어 보라 그것들이 또한 네게 말하리라 8 땅에게 말하라 네게 가르치리라 바다의 고기도 네게 설명하리라 9 이것들 중에 어느 것이 여호와의 손이 이를 행하신 줄을 알지 못하랴 10 모든 생물의 생명과 모든 사람의 육신의 목숨이 다 그의 손에 있느니라 11 입이 음식의 맛을 구별함 같이 귀가 말을 분간하지 아니하느냐 12 늙은 자에게는 지혜가 있고 장수하는 자에게는 명철이 있느니라 13 지혜와 권능이 하나님께 있고 계략과 명철도 그에게 속하였

나니 **14** 그가 헐으신즉 다시 세울 수 없고 사람을 가두신즉 놓아주지 못하느니라 **15** 그가 물을 막으신즉 곧 마르고 물을 보내신즉 곧 땅을 뒤집나니 **16** 능력과 지혜가 그에게 있고 속은 자와 속이는 자가 다 그에게 속하였으므로 **17** 모사를 벌거벗겨 끌어 가시며 재판장을 어리석은 자가 되게 하시며 **18** 왕들이 맨 것을 풀어 그들의 허리를 동이시며 **19** 제사장들을 벌거벗겨 끌어 가시고 권력이 있는 자를 넘어뜨리시며 **20** 충성된 사람들의 말을 물리치시며 늙은 자들의 판단을 빼앗으시며 **21** 귀인들에게 멸시를 쏟으시며 강한 자의 띠를 푸시며 **22** 어두운 가운데에서 은밀한 것을 드러내시며 죽음의 그늘을 광명한 데로 나오게 하시며 **23** 민족들을 커지게도 하시고 다시 멸하기도 하시며 민족들을 널리 퍼지게도 하시고 다시 끌려가게도 하시며 **24** 만민의 우두머리들의 총명을 빼앗으시고 그들을 길 없는 거친 들에서 방황하게 하시며 **25** 빛 없이 캄캄한 데를 더듬게 하시며 취한 사람 같이 비틀거리게 하시느니라 (욥 12:1-25)

욥기 12장부터 14장까지는 욥의 답변이 기록되어 있습니다. 욥이 답변함으로써 친구들과의 첫 번째 대화가 끝납니다. 욥은 친구들의 꾸중과 권면에 대해 반론합니다. 전반적 분위기로 볼 때 욥은 분노하고 있습니다. '너희가 알고 있는 것을 내가 몰라서 이러는 것이 아니다. 너희가 하는 말은 나도 아는 것들이고 나도 남들에게 했던 말이다'라는 것입니다.

욥의 친구들이 했던 말은, 착하게 살면 복 받고 죄를 지으면 벌 받는다, 하나님에게 불평하는 것은 옳지 않다, 하나님이 그렇게 하실 때에는 그만한 이유가 있으니 잠잠히 있으라, 이런 말들입니다. 12장 2절이 그 말입니다. "너희만 참으로 백성이로구나 너희가 죽으면 지혜도 죽겠구나." 너희가 하는 말을 나도 아는데, 그것으로는 답이 안 되는 길로 내가 붙들려 가고 있다, 하는 것이 바로 욥이 가진 분노입니다.

천지 사방에 널려 있는 증거

예수 믿는 사람들이 조심해야 할 표현 중 하나가 바로 '왜 그걸 몰라? 참 이상해'라는 말입니다. 사실은 상대방이 모르는 게 아니라 자기가 모르는 것입니다. 하나님이 하시는 일을 우리는 다 알 수 없습니다. 특별히 이 말을 소발이 욥에게 했습니다. '하나님이 하시는 일을 측량할 수 없다. 네가 다 이해할 수 없다. 그러나 하나님이 하신 일이니 순종하라.' 욥은 이에 대해 '안다. 그러나 지금 나는 반발하는 것이 아니라 하나님이 왜 그러시는지 알려 달라고 그러는 중이다'라고 반박하는 것입니다.

4절을 보면 '하나님께 불러 아뢰어 들으심을 입은 내가' 즉 기도하면 늘 응답받던 내가 '이웃에게 웃음거리가 되었으니 의롭고 온전한 자가 조롱거리가 되었구나'라며 탄식하고 있습니다. 이어 5절을 보면, "평안한 자의 마음은 재앙을 멸시하나 재앙이 실족하는 자를 기다리는구나"(욥 12:5)라고 하여 욥이 형통할 때에는 그렇지 않은 다른 사람들을 보며 "아니, 왜 벌을 받아? 왜 이렇게 불행하게 살아?"라고 생각했는데, 사실은 그 재앙이 언제 자기에게 닥칠지 모를 일이었다는 말입니다. 난 멀쩡한데도 이런 곤란한 자리에 왔다, 와 보니 평안한 이들은 사람들이 곤란에 처한 이유를 모르더라, 그런데 정작 내가 어려움을 당해 보니까 답이 없더라, 하는 말입니다. 이것이 꾸중하는 친구들이 서 있는 곳과 반론하는 욥이 서 있는 곳의 차이입니다.

이어 욥의 반론을 계속 보겠습니다. "강도의 장막은 형통하고 하나님을 진노하게 하는 자는 평안하니 하나님이 그의 손에 후히 주심이니라"(욥 12:6). 이것도 모르겠더라는 것입니다. 잘못했다고 늘 벌을 받는 게 아니더라, 잘못한 사람 중에도 꽤 많은 사람이 평안하더라는 말입니다. 우리가 자녀를 기를 때 했던 생각을 떠올리면 이 구절을 이해하기가 쉬울 것입니다. 자녀가 곰처럼 어리숙하게 사느니 차라리 여우처럼 약삭빠르게 사는 편이 낫다는 생각을 합니다. 이것이 앞서 6절에 나온 '강도의 장막은 형통하고 하나님을 진노하게 하는 자는 평안하니'와 통하는 이야기입니다. 살아 보니 신앙이 좋아야 잘 사는 것이 아니라 재주를 부려야 복을 받더라, 그런데 그 재주라는 것도 어쨌든 하나님이 허락해야 받는 것 아니냐, 살아 보니 곰보다는 여우가 낫지 않더냐, 여우가 힘이 세서 낫더냐, 누구에게 붙어야 하는지 어떻게 해야 살아남는지 아는 재주가 곰보다 훨씬 나아서가 아니냐, 하는 이야기입니다. 그래서 우리가 자녀에게 "넌 왜 여우같이 약삭빠르냐?" 하며 꾸짖는 경우는 없고 "넌 왜 곰같이 미련하냐?"라고 꾸짖는 경우만 있습니다.

세 친구들이 하는 추궁에 대한 욥의 대답을 보면, '하나님은 옳은 자에게 늘 복을 주셔야 하는데, 현실은 그렇지 않더라. 그것이 잠시일지는 모르지만 또 잘못된 것일지 모르지만 어쨌든 하나님은 여우들에게 형통함과 평안을 주시지 않더냐?' 하는 것입니다.

그러면서 '하나님과 신앙에 대한 우리의 이해를 좀 더 넓혀야 하지 않겠느냐? 너희가 이야기하는 틀로는 우리가 하나님을 다 이해할 수 없지 않느냐?' 하는 이야기입니다. 그래서 이렇게 표현합니다. "이제 모든 짐승에게 물어 보라 그것들이 네게 가르치리라 공중의 새에게 물어 보라 그것들이 또한 네게 말하리라 땅에게 말하라 네게 가르치리라 바다의 고기도 네게 설명하리라"(욥 12:7-8). 천지 사방에 널려 있는 증거들을 봐라, 누가 이기는가 봐라, 정직한 자가 지고 간교한 자가 이기지 않더냐, 자연 세계가 그렇지 않더냐, 자연 세계의 주인이 누구더냐, 정직한 자가 아니라 간교한 자가 아니더냐, 온 세상에 그 증거가 널려 있지 않더냐, 하는 이야기입니다. 그래서 9절에 보듯이 "이것들 중에 어느 것이 여호와의 손이 이를 행하신 줄을 알지 못하랴"라고 합니다. 이런 것들이 다 하나님의 통치와 허락 안에서 일어나는 일이라는 것입니다.

이어 11절을 보면 "입이 음식의 맛을 구별함 같이 귀가 말을 분간하지 아니하느냐"(욥 12:11)라고 합니다. 맛을 보면 그 음식이 무엇인지 알듯이, 무슨 말을 들었으면 알아들어야 하지 않느냐는 것입니다. 천지 사방에 증거들이 깔려 있지 않느냐, 그런데 왜 너희는, 하나님이 늘 옳게 일한 자에게는 상을 주고 잘못한 자에게는 벌을 준다고 간단하게 답을 내느냐, 그러는 것입니다. 욥은 자꾸 틀을 허물고 있습니다.

12절을 봅시다. "늙은 자에게는 지혜가 있고 장수하는 자에게는 명철이 있느니라"(욥 12:12). 12절은 갑자기 튀어나온 구절 같지만, '오래 살면 입바른 소리를 못하게 된다'는 이야기입니다.

오래 살아 봐라, 뭐가 뭔지 모르게 된다, 뭐가 잘된 건지 모르게 된다, 그런 말입니다. 13절에서 '지혜와 권능이 하나님께 있고 계략과 명철도 그에게 속하였'다고 합니다. 또 16절을 보면 '능력과 지혜가 그에게 있고 속은 자와 속이는 자가 다 그에게 속하였'다고 합니다. 한 나라가 망할 때에는 왕에게 간신이 와서 거짓된 계략을 주어 왕의 눈을 흐리게 하지 않습니까. 속이는 간신이 속는 왕보다 더 우월하거나 좋은 조건을 가져서가 아닙니다. 누가 속고 누가 속이는지, 누가 지고 누가 이기는지는 하나님이 정하시지, 인간이 정하지 않는다는 말입니다. 물론 지나고 나서 '그때 이랬더라면' 하는 후회를 하지만, 그것은 결과가 일어난 다음에야 아는 것입니다. 그 전에는 아무도 모릅니다. 기도해도 모릅니다. 그런 응답은 잘 안 해 주십니다.

이리 비틀 저리 비틀해도 괜찮은 삶

예수 믿는 자의 자랑은 늘 옳은 선택을 하고 늘 바른길을 가는 데에 있는 것이 아니라, 자신의 잘못된 선택에도 불구하고 하나님이 그것을 유익하게 하실 수 있다는 믿음에 있습니다. 우리는 늘 옳은 선택을 하고 늘 바른길을 간다고 장담하지 못합니다. 사실 우리는 어려운 길에 들어섰습니다. 하나님이 답을 주시지 않는 선택의 기로에서 어느 길을 선택하느냐는 사실 애매합니다. 기도했다는 것으로 하나님에게 책임을 떠넘길 수는 없습니다. 기도하고 잘못된 선택을 하고 그 잘못된 선택의 결과를 뒤집어쓰는 일은 우리 인생에 늘 일어나는 일입니다. 그러나 우리가 믿는 것은 이것입니다. '하나님이 우리로 손해 보게 하지 않으신다. 잘못된 것이 잘못된 것으로 끝나게 하지 않으신다. 거기에서 유익을 얻게 하신다.'

이런 내용이 본문 말씀에 어떻게 드러나 있는지 봅시다. 16절입니다. "능력과 지혜가 그에게 있고 속은 자와 속이는 자가 다 그에게 속하였으므로 모사를 벌거벗겨 끌어 가시며 재판장을 어리석은 자가 되게 하시며 왕들이 맨 것을 풀어 그들의 허리를 동이시며"(욥 12:16-18). 누군가를 속박했던 그 권력으로 오히려 자신들이 묶이는 반전이 있다고 합니다. 이런 식으로 자랑과 수치가 교차되고 이유를 알 수 없이 반전되는 일들을 죽 이야기한 다음, 22절에서는 '어두운 가운데에서 은밀한 것을 드러내시며'라고 합니다. 은밀한 것은 밝은 데서 보아도 보일까 말까 하는데, 그것을 어두운 데서 드러내신다고 합니다. 뭐가 뭔지 안 보이면 불을 켜야 보이는 법입니다. 감추면 불을 켠 상태에서도 안 보이는데, 은밀한 것을 어두운 데서 드러내신다고 합니다.

하나님이 누구신가에 대한 이해를 간단한 도식이나 법이나 도덕으로 묶을 수 없다는 사실을 욥기에서 보게 됩니다. 혼란스럽게 하려고 이런 말을 하는 것이 아닙니다. 도덕률이나 양심이나 최소한의 노력이나 신중함이나 진심 같은 것들을 헐자는 이야기도 아닙니다. 성경은 우리가 능력, 진심, 순전, 열정 같은 개념에 묶여 있지 않고, 그것보다 훨씬 큰 하나님의 지혜와 권능과 신비와 자비에 묶여 있다고 말하는 것입니다.

우리가 다만 능력에 묶여 있고 잘잘못에 묶여 있다면 늘 불안

할 수밖에 없습니다. 여백이 없기 때문입니다. 한 걸음만 삐끗하면 떨어지는 천 길 낭떠러지를 걷는 것처럼 살 수밖에 없게됩니다. 거기에는 오직 추락했느냐 살아남았느냐만 있습니다. 그러나 인생은 그런 것이 아닙니다. 그것보다 큽니다. 대평원의 길을 가는 것처럼 이리 비틀 저리 비틀해도 괜찮습니다. 25절에도 이런 표현이 나옵니다. "빛 없이 캄캄한 데를 더듬게 하시며 취한 사람 같이 비틀거리게 하시느니라"(욥 12:25). 이것은 다만 비난하려는 이야기가 아닙니다. 우리의 비틀거림이 이와 같다는 말씀입니다. 일직선으로 걸어간 외길로 이루어진 땅만이 아니라, 비틀거리며 우리의 발바닥으로 밟는 땅 전부를 주시겠다는 약속과 같이 넓은 땅을 갖게 되는 일이 벌어지게 하십니다. 욥은 이런 하나님을 만나게 됩니다.

믿음은 인격과 인격의 관계에 속한 것

지금 욥은 죽음과 절망으로 밀려가고 있습니다. 그는 너무 고통스럽고 그가 가진 이해로는 하나님과 하나님의 일하심을 알 수 없고 자신에게 일어난 일을 설명할 수도 없어서 차라리 죽는 것이 낫겠다고 여기는 중입니다. 그런데 욥은 절망 속에서도 계속 하나님에게 묻습니다. 이것이 욥의 가장 큰 가치입니다. 친구들이 말하는 것은 규칙이고 명분인데 반해서, 욥은 그 이유를 하나님에게 묻고 있습니다. 법칙이 아니라 하나님을 찾는 것입니다. 양심이나 옳음이나 앞에서 언급한 개념과 가치들을 하나님

대신 섬기지 않고, 그것들의 주인이 하나님이라는 사실을 욥은 알고 있는 것입니다. 그래서 자기가 당한 모든 일에 대하여 대답해 주실 하나님을 찾고 있습니다. 여기에 욥기의 가치가 있습니다.

욥의 신앙에서 발견한 점은 하나님과 우리가 인격적 관계에 있다는 사실입니다. 이것이 믿음입니다. 믿음이란 법칙에 관한 것이 아니고 인격과 인격의 관계에 속한 것입니다. 기독교 신앙의 중요한 본질을 두 단어로 설명하면 믿음과 사랑입니다. 여기에서 하나님이 우리에게 대등한 인격적 관계를 요구하신다는 사실을 알게 됩니다. 성도는 하나님의 사랑의 대상이며 믿음을 주고받는 대상이라는 이야기입니다. 그런데 우리는 법칙으로 갑니다. 잘잘못으로 갑니다. 잘잘못을 가려내는 것이 틀렸다는 이야기가 아니라 신앙은 그것보다 크다는 이야기입니다. 그러니 세 친구가 되지 말고 욥이 되십시오.

질문하기

1.

욥이 가진 분노는 어떤 것입니까?

2.

욥은 어떠한 하나님을 만나게 됩니까?

3.

욥의 인생에서 가장 큰 가치는 무엇입니까?

나누기

'세 친구가 되지 말고 욥이 되십시오'라는 말이 어떻게 다가옵니까?

10 욥_
하나님은 하나님이셔야 합니다

1 나의 눈이 이것을 다 보았고 나의 귀가 이것을 듣고 깨달았느니라 2 너희 아는 것을 나도 아노니 너희만 못하지 않으니라 3 참으로 나는 전능자에게 말씀하려 하며 하나님과 변론하려 하노라 4 너희는 거짓말을 지어내는 자요 다 쓸모 없는 의원이니라 5 너희가 참으로 잠잠하면 그것이 너희의 지혜일 것이니라 6 너희는 나의 변론을 들으며 내 입술의 변명을 들어 보라 7 너희가 하나님을 위하여 불의를 말하려느냐 그를 위하여 속임을 말하려느냐 8 너희가 하나님의 낯을 따르려느냐 그를 위하여 변론하려느냐 9 하나님이 너희를 감찰하시면 좋겠느냐 너희가 사람을 속임 같이 그를 속이려느냐 10 만일 너희가 몰래 낯을 따를진대 그가 반드시 책망하시리니 11 그의 존귀가 너희를 두렵게 하지 않겠으며 그의 두려움이 너희 위에 임하지 않겠느냐 12 너희의 격언은 재 같은 속담이요 너희가 방어하는 것은 토성이니라 13 너희는 잠잠하고 나를 버려두어 말하게 하라 무슨 일이 닥치든지 내가 당하리라 14 내가 어찌하여 내 살을 내 이로 물고 내 생명을 내 손에 두겠느냐 15 그가 나를 죽이시리니 내가 희망

이 없노라 그러나 그의 앞에서 내 행위를 아뢰리라 **16** 경건하지 않은 자는 그 앞에 이르지 못하나니 이것이 나의 구원이 되리라 **17** 너희들은 내 말을 분명히 들으라 내가 너희 귀에 알려 줄 것이 있느니라 **18** 보라 내가 내 사정을 진술하였거니와 내가 정의롭다 함을 얻을 줄 아노라 **19** 나와 변론할 자가 누구랴 그러면 내가 잠잠하고 기운이 끊어지리라 **20** 오직 내게 이 두 가지 일을 행하지 마옵소서 그리하시면 내가 주의 얼굴을 피하여 숨지 아니하오리니 **21** 곧 주의 손을 내게 대지 마시오며 주의 위엄으로 나를 두렵게 하지 마실 것이니이다 **22** 그리하시고 주는 나를 부르소서 내가 대답하리이다 혹 내가 말씀하게 하옵시고 주는 내게 대답하옵소서 **23** 나의 죄악이 얼마나 많으니이까 나의 허물과 죄를 내게 알게 하옵소서 **24** 주께서 어찌하여 얼굴을 가리시고 나를 주의 원수로 여기시나이까 **25** 주께서 어찌하여 날리는 낙엽을 놀라게 하시며 마른 검불을 뒤쫓으시나이까 **26** 주께서 나를 대적하사 괴로운 일들을 기록하시며 내가 젊었을 때에 지은 죄를 내가 받게 하시오며 **27** 내 발을 차꼬에 채우시며 나의 모든 길을 살피사 내 발자취를 점검하시나이다 **28** 나는 썩은 물건의 낡아짐 같으며 좀 먹은 의복 같으니이다 (욥 13:1~28)

본문 말씀은 욥기 11장에 나온 소발의 권면에 대한 욥의 답변입니다. 소발의 충고와 권면은 이것이었습니다. '하나님은 신비하신 분이다. 그러니 하나님에게 대들지 말고 지금 당하는 고난이 하나님의 뜻인 줄 알고 잘 견뎌라. 그러면 네가 복을 받을 것이다.' 그러자 욥은 하나님이 신비하신 분이라는 것은 자신도 안다고 하면서 여러 가지 예를 듭니다. 그 예가 욥기 12장에 나와 있습니다. 그 예는 우리가 잘 아는 인생무상에 관한 것들입니다. 권력자가 나중에 치욕을 당하고, 성공해서 남에게 충고하던 자가 도리어 수치를 당하고, 잘된 줄 알고 큰소리쳤던 것이 오히려 올무가 되는 일을 인생에서 얼마든지 볼 수 있습니다. 그래서 욥은 '우리는 할 말이 없다. 하나님이 왜 그렇게 하시는지는 우리가 다 이해하거나 납득할 수 없다. 그렇다고 하나님의 허락과 뜻을 벗어나서 일어나는 일도 없다. 그러니 우리가 모든 것을 이해한다고, 하나님을 다 안다고 이야기할 수 없다'라고 말합니다.

이런 맥락에서 13장 1절이 나옵니다. "나의 눈이 이것을 다 보았고 나의 귀가 이것을 듣고 깨달았느니라." 그러면서 '나도 인생을 다 이해한다고 말할 수 없다. 내가 어떻게 하나님을 다 안다고 이야기하겠느냐. 그러나 너희가 지금 이야기하는 것은 다른 문제다'라고 합니다. 이것이 본문에서 다룰 중요한 내용입니다.

이 싸움은 그것보다 크다

너희는 거짓말을 지어내는 자요 다 쓸모 없는 의원이니라 너희가 참으로 잠잠하면 그것이 너희의 지혜일 것이니라 너희는 나의 변론을 들으며 내 입술의 변명을 들어 보라 너희가 하나님을 위하여 불의를 말하려느냐 그를 위하여 속임을 말하려느냐 너희가 하나님의 낯을 따르려느냐 그를 위하여 변론하려느냐 하나님이 너희를 감찰하시면 좋겠느냐 너희가 사람을 속임같이 그를 속이려느냐 (욥 13:4-9)

본문 8절에 '낯을 따르려느냐'라는 말은 그 앞에서 아첨 떠는 것으로, 그때그때 입맛에 맞춰 주는 것으로 때우겠느냐는 뜻입니다. '너희는 지금, 하나님이 무엇을 목적하시며 우리가 어떻게 해야 하는가와 같은 명분을 내세워 나에게 하나님의 뜻을 가르

친다고 말하고 있다. 하지만 실제로는 너희가 아는 것에 나를 끌어들여 나로 잠잠하게 해서 결국 너희도 좋고 하나님의 체면도 세워 드리는 것으로 이 일을 덮으려고 한다. 너희가 지적하는 것처럼 내가 도덕성이나 전통이나 신비를 몰라서 지금 이렇게 펄펄 뛰는 것이 아니다. 나는 그런 것들로 설명되지 않는 자리까지 내몰렸다. 하나님이 나를 놓아주지 않아서 그렇다. 이것은 하나님에게 물어야 하는 일이다. 그런데 너희는 하나님이 나를 끌어내려고 하셨던 원래 그 자리에 나를 다시 집어넣어서 너희 마음도 편하게 하고 하나님도 변호하는 것처럼 해서 이 일을 덮으려고 한다.' 이것이 본문에 나온 욥이 하는 답변의 핵심입니다.

풀어서 이야기하면 이런 것입니다. '내가 처한 상황을 너희가 아는 것으로 붙들어 매서 너희의 정당함을 확인하여 쉽게 넘어가려고 하지 마라. 이 싸움은 그것보다 크다. 하나님이 나에게 듣도 보도 못한 일을 하고 계신다. 그러니 하나님에게 물어볼 수밖에 없다. 우리가 알고 있던 것으로는 설명되지 않는다. 이런 일이 왜 일어났는지, 하나님의 목적이 무엇인지, 하나님이 어찌하시려는 것인지 하나님에게 물을 수밖에 없다.'

죽음을 무릅쓰고 하나님에게 묻다

욥은 자신에게 찾아온 현실을 이해할 수가 없습니다. 12절에 보면 "너희의 격언은 재 같은 속담이요 너희가 방어하는 것은 토성이니라"라고 합니다. 친구들의 말이 욥 자신한테는 쓸모없는 이야기라는 것입니다. 그리고 '너희는 너희 자신을 지키기에 급급할 뿐, 하나님의 도전 앞에 진실하게 서서 하나님의 인도하심과 뜻을 묻고 있지 않다'라고 반격합니다. 그런데 욥도 답이 없기는 매한가지입니다. 하지만 이 둘은 차이가 있습니다. 세 친구는 그것이 자기들에게서 나온 질문이 아닌 것이고, 욥은 자기에게서 나온 질문인 것입니다. 세 친구는 자기 일이 아니고 남의 일이니까 속 편한 소리를 할 수 있습니다. 그러나 당사자는 자기가 답을 찾을 때까지 기다릴 수밖에 없습니다. 욥은 누구에게서도 답을 찾을 수 없어 하나님에게 갑니다. 답을 얻을 때까지 맹렬하게 갈 수밖에 없습니다. '죽음을 무릅쓰고' 말입니다. 13절부터 봅시다.

> 너희는 잠잠하고 나를 버려두어 말하게 하라 무슨 일이 닥치든지 내가 당하리라 내가 어찌하여 내 살을 내 이로 물고 내 생명을 내 손에 두겠느냐 그가 나를 죽이시리니 내가 희망이 없노라 그러나 그의 앞에서 내 행위를 아뢰리라 경건하지 않은 자는 그 앞에 이르지 못하나니 이것이 나의 구원이 되리라 (욥 13:13-16)

'내가 하나님을 무시하거나 하나님에 대해 의심하거나 불경한 생각이 들어서 대들고 있는 것이 아니다. 불평하는 것이 아니다. 하나님이 모든 존재의 유일한 주인이시라는 사실을 나도 안다. 모든 사건의 주관자라는 것도 알고 있다. 그래서 나는 목숨을 걸고 가서 이것을 물어보아야겠다'라는 뜻입니다.

이 지점에서 갈립니다. 세 친구들은 이 일에 당장 해결책을 제시하는 것이 목숨을 걸 만큼 중요하지 않습니다. 현실적으로 자기 일이 아니라서 그렇습니다. 그러나 욥은 살아 있어도 죽은 것만 못한 처지입니다. 하나님이 자신을 외면하시는 것 같고, 답이 무엇인지도 모르겠으니 말입니다. 이 점이 중요합니다. 세 친구들은 이런 현실을 모른 채, 명분이나 규칙이나 책임 같은 것으로 안전을 확보하려는 것이고, 욥은 그렇게 하니 목숨을 걸고라도 이 질문에 대해 하나님에게서 답을 얻어야겠다고 하는 것입니다. 이것이 욥기입니다. 욥은, 하나님은 누구시며 나는 하나님에게 무엇입니까, 하고 물으며 답을 구하고 있습니다.

우리는 욥기의 시작을 잘 알고 있습니다. 욥이 까닭 없이 하나님을 잘 섬기겠냐는 사탄의 도전에 하나님이 응하심으로써, 욥은 고난의 길에 들어서게 되었습니다. 하나님이 욥을 놓고 사탄과 자존심 대결을 벌이신 것이 아닙니다. 하나님은 당신의 명예를 욥에게 거셨습니다. 하나님의 하나님 되심의 명예를 하나님 스스로 방어하실 수 있음에도, 피조물인 욥에게 맡겨 하나님의 명예가 유지될 것인지 말 것인지 욥에 의하여 결정되게 하셨다는 말입니다. 이것이 욥기의 시작이었습니다. 인간이란 도대체 얼마나 굉장한 존재냐, 하나님 앞에 그분의 자녀로 불리는 신자의 지위란 얼마나 존귀한 것인가 하는 질문으로 시작했습니다.

이러한 도전과 시험 속에서 하나님의 형상으로 지음을 받은 인간의 가치가 얼마나 큰지 이제 드러날 것입니다. 먼저 '하나님, 하나님은 저 같은 것과는 비교할 수 없이 크신 분입니다'라는 말로 시작됩니다. 20절부터 봅시다.

오직 내게 이 두 가지 일을 행하지 마옵소서 그리하시면 내가 주의 얼굴을 피하여 숨지 아니하오리니 곧 주의 손을 내게 대지 마시오며 주의 위엄으로 나를 두렵게 하지 마실 것이니이다 그리하시고 주는 나를 부르소서 내가 대답하리이다 혹 내가 말씀하게 하옵시고 주는 내게 대답하옵소서 나의 죄악이 얼마나 많으니이까 나의 허물과 죄를 내게 알게 하옵소서 주께서 어찌하여 얼굴을 가리시고 나를 주의 원수로 여기시나이까 주께서 어찌하여 날리는 낙엽을 놀라게 하시며 마른 검불을 뒤쫓으시나이까 (욥 13:20-25)

욥은 자기 자신을 '날리는 낙엽', '마른 검불'로 표현합니다. 28절에 가면 "나는 썩은 물건의 낡아짐 같으며 좀 먹은 의복 같으니이다"라고 말하기도 합니다. 하나님과 자신의 차이를 너무나 분명하게 인식하고 있습니다. 그러면서 욥이 하는 말이 무엇입니까? 내가 죽어 없어질지라도, 나 같은 것은 별것 아닐지라도 하나님은 하나님이셔야 한다는 것입니다. 이 고백은 세 친구들의 조언과 무엇이 다릅니까?

세 친구에게는 하나님이 다만 그들의 안전이며 그들의 보상이면 족하다는 것입니다. 그러나 욥은, 나 같은 것은 별것 아닐지라도 하나님은 하나님이시기를 중단하거나 하나님이 아니시면 안 된다고 하는 것입니다. 다시 말해 욥의 변명은 '나를 돌아보소서. 나를 회복시켜 주옵소서'가 아닙니다. 자신은 이렇게 쇠퇴해 가고 말 별것 아닌 존재일지라도 하나님은 낡아지는 하나님, 쇠퇴하는 하나님, 외면하는 하나님, 그냥 안전망이기만 한 하나님일 수 없다는 것입니다. 그래서 욥은 하나님을 만나려는 것입니다.

고난 속에서 드러나는 하나님

욥은 모든 것을 잃게 되면서 가장 중요한 가치와 의미가 무엇인가를 궁구하게 되었습니다. 그리하여 욥은 한 인간이 고통을 면하고 명분을 얻는다고 할지라도 인간 됨의 가치를 스스로 만들어 낼 수 없다는 것을 드디어 깨닫게 되었습니다. 인간에게는 깊은 갈증이 있는데, 그 갈증을 해소할 힘이 없다는 사실을 알게 된 것입니다. 그래서 그 갈증을 해소해 주실 하나님이 안 계시다면, 다시 말해 하나님이 그 갈증을 해결해 주는 분이 아니시라면 인간이란 존재한들 무가치하다는 데까지 이른 것입니다.

왜 예수님은 십자가의 길을 가셨고, 왜 욥은 고난을 겪어야 했을까요? 하나님의 영광은 자기 부정을 통해 만들어지기 때문입니다. 자기 부정이란 자기를 위하여 상대를 밟아 누르지 않고, 남을 위하여 자기를 내어 주는 방식을 말합니다. 그것은 방법이자 성품입니다. 나는 섬기러 왔노라, 나는 종으로 왔노라, 나는 죽으러 왔노라, 이것이 예수님이 하신 말씀입니다. 하나님이 우리에게 일구어 내시려는 신앙에서 가장 중요한 본질은 하나님이 누구신가를 이해하는 것과 연결됩니다. 하나님이 누구신지가 고난 속에서 밝혀집니다. 내가 나를 위하여 살지 않는 것, 나를 위하여 이웃을 잡아먹지 않는 것, 이것이 십계명에서 드러나는 가장 중요한 가르침입니다. 예수님이 우리에게 주신 가장 큰 계명이 무엇입니까? 하나님을 사랑하고 이웃을 사랑하는 것입니다.

고난의 영광과 위대함을 알아야 합니다. 하나님이 예수를 보내어 당신의 영광을 증명하셨다는 것을 알아야 합니다. 우리의 신앙 현실은 고단합니다. 하나님이 우리를 사랑하셔서 영광으로 채우시기 위해 고난이라는 길로 인도하시기 때문입니다. 그 고단한 길에서 "인생 별것 아니다", "예수 믿는 것은 정말 복이구나" 하는 말들이 함께 붙어 다닌다는 사실을 본문 말씀으로 증언합니다. 이것이 우리의 힘이 되면 더 이상 겁날 것이 없습니다.

질문하기

1.

욥의 친구들은 어떠한 방식으로 쉽게 넘어가려고 합니까?

2.

답이 없기는 친구들이나 욥이나 마찬가지지만, 이들 간에는 차이
가 있습니다. 어떤 차이입니까?

3.

욥이 드디어 깨닫게 된 것은 무엇입니까?

나누기

'내가 나를 위하여 살지 않는 것, 나를 위하여 이웃을 잡아먹지
않는 것'은 어떤 구체적인 모습으로 드러날까요?

11 욥_
나의 한계를 보았습니다

1 여인에게서 태어난 사람은 생애가 짧고 걱정이 가득하며 **2** 그는 꽃과 같이 자라나서 시들며 그림자 같이 지나가며 머물지 아니하거늘 **3** 이와 같은 자를 주께서 눈여겨 보시나이까 나를 주 앞으로 이끌어서 재판하시나이까 **4** 누가 깨끗한 것을 더러운 것 가운데에서 낼 수 있으리이까 하나도 없나이다 **5** 그의 날을 정하셨고 그의 달 수도 주께 있으므로 그의 규례를 정하여 넘어가지 못하게 하셨사온즉 **6** 그에게서 눈을 돌이켜 그가 품꾼 같이 그의 날을 마칠 때까지 그를 홀로 있게 하옵소서 **7** 나무는 희망이 있나니 찍힐지라도 다시 움이 나서 연한 가지가 끊이지 아니하며 **8** 그 뿌리가 땅에서 늙고 줄기가 흙에서 죽을지라도 **9** 물 기운에 움이 돋고 가지가 뻗어서 새로 심은 것과 같거니와 **10** 장정이라도 죽으면 소멸되나니 인생이 숨을 거두면 그가 어디 있느냐 **11** 물이 바다에서 줄어들고 강물이 잦아서 마름 같이 **12** 사람이 누우면 다시 일어나지 못하고 하늘이 없어지기까지 눈을 뜨지 못하며 잠을 깨지 못하느니라 **13** 주는 나를 스올에 감추시며 주의 진노를 돌이키실 때까지 나를 숨기시고

나를 위하여 규례를 정하시고 나를 기억하옵소서 14 장정이라도 죽으면 어찌 다시 살리이까 나는 나의 모든 고난의 날 동안을 참으면서 풀려나기를 기다리겠나이다 15 주께서는 나를 부르시겠고 나는 대답하겠나이다 주께서는 주의 손으로 지으신 것을 기다리시겠나이다 16 그러하온데 이제 주께서 나의 걸음을 세시오니 나의 죄를 감찰하지 아니하시나이까 17 주는 내 허물을 주머니에 봉하시고 내 죄악을 싸매시나이다 18 무너지는 산은 반드시 흩어지고 바위는 그 자리에서 옮겨가고 19 물은 돌을 닳게 하고 넘치는 물은 땅의 티끌을 씻어버리나이다 이와 같이 주께서는 사람의 희망을 끊으시나이다 20 주께서 사람을 영원히 이기셔서 떠나게 하시며 그의 얼굴 빛을 변하게 하시고 쫓아보내시오니 21 그의 아들들이 존귀하게 되어도 그가 알지 못하며 그들이 비천하게 되어도 그가 깨닫지 못하나이다 22 다만 그의 살이 아프고 그의 영혼이 애곡할 뿐이니이다 (욥 14:1-22)

욥기 14장은 나눠서 찬찬히 살펴보면 이해하기가 쉽습니다. 1절에서 6절까지는 '저는 하찮은 존재입니다. 제가 뭘 잘못했다 한들 이런 존재에게 하나님이 뭣하러 그렇게까지 화를 내십니까?' 하는 이야기입니다. 7절에서 12절은 '저는 죽으면 끝인, 그저 일과성에 불과한 가치 없는 인생입니다. 뭘 이렇게까지 붙들고 긴 싸움을 하십니까?' 하는 넋두리입니다. '그러니 하나님, 그냥 넘어가 주십시오. 이 하찮은 존재, 별것 아닌 짧은 인생을 사는 제가 잘못했다고 한들 하나님이 일일이 찾아 확인하시고 집어내실 필요가 있습니까?' 하는 내용이 13절에서 17절까지 들어 있습니다. 18절에서 22절은 '저는 더 이상 견딜 수가 없습니다. 고난이 너무 큽니다. 저는 이제 자폭 직전에 와 있습니다' 하는 절규입니다.

이처럼 14장의 내용은 탄식 외에는 할 말이 없는 자, 답도 없고 견딜 수도 없는 자의 넋두리나 비명이라고 이해해야 합니다.

답 없는 자의 비명과 넋두리

성경에 나와 있는 이런 표현은 우리에게 낯섭니다. 성경에는 규범적이고 명확한 가르침만 들어 있을 것이라고 기대하기 때문입니다. 이런 비명과 넋두리와 자폭하는 이야기들이 등장할 것이라고는 예상하지 않습니다. 그래서 우리는 서둘러 욥의 세 친구같이 됩니다. 빨리 답을 찾아 얼른 넘어가려고 하지, 그 지난한 과정을 겪어 내지 못합니다. 욥이 지고 가는 짐을 이해하기 싫어합니다. 그러나 똑같은 일을 성경이 아닌 다른 곳에서 발견하면 그렇게 느끼지 않습니다. 제가 좋은 시를 하나 발견했습니다. 정호승 시인의 〈내가 사랑하는 사람〉*이라는 시입니다.

나는 그늘이 없는 사람을 사랑하지 않는다
나는 그늘을 사랑하지 않는 사람을 사랑하지 않는다
나는 한 그루 나무의 그늘이 된 사람을 사랑한다
햇빛도 그늘이 있어야 맑고 눈이 부시다
나무 그늘에 앉아
나뭇잎 사이로 반짝이는 햇살을 바라보면
세상은 그 얼마나 아름다운가

* 정호승 지음, 《외로우니까 사람이다》(열림원), 11쪽.

나는 눈물이 없는 사람을 사랑하지 않는다

나는 눈물을 사랑하지 않는 사람을 사랑하지 않는다

나는 한 방울 눈물이 된 사람을 사랑한다

기쁨도 눈물이 없으면 기쁨이 아니다

사랑도 눈물 없는 사랑이 어디 있는가

나무 그늘에 앉아

다른 사람의 눈물을 닦아 주는 사람의 모습은

그 얼마나 고요한 아름다움인가

이 시를 읽으면 '시가 참 좋다. 마음이 따뜻해진다. 어쩌면 이런 시인이 있을까' 하고 느낄 것입니다. 그런데 성경을 읽을 때는 이런 생각이 들지 않습니다. 우리는 서둘러 정답을 외치느라 상대방에게 울 시간을 주지 않습니다. 왜 사람에게 그늘이 있으면 안 되는 것입니까.

모든 인류가 보편적으로 사랑하고 감동하는 예술 작품들에는 다 이런 그늘이 들어 있습니다. 존재론적 한계이든 실존적 한계이든 인간의 유한함, 나약함, 허망함 등 인생의 버거움에 대한 깨달음이 담긴 작품들을 보면 모두가 경이감을 느낍니다. 고흐(Vincent van Gogh)의 작품 〈별이 빛나는 밤〉을 보면 얼마나 놀랍습니까? 그 그림이 괴로워하는 사람의 작품으로 보입니까? 사랑에 빠진 사람이 그린 그림처럼 보이진 않습니까? 우리는 예술가의 고뇌가 자폭적 파멸로 가지 않고 예술 작품이 되는 신비를 경이롭게 느낍니다.

그늘과 넉두리가 담겨 있는 성경, 욥기

한계라는 것은 부족함만의 문제가 아닙니다. 정호승 시인의 시에 등장하는 '눈물'이란 무엇입니까? 눈물은 벅찰 때 나옵니다. 기쁨이든 슬픔이든 감당할 수 없는 현실에 직면할 때 사람은 울게 됩니다. 너무 기뻐서 울고 너무 슬퍼서 웁니다. 눈물은 패배자나 연약한 자의 전유물이 아닙니다. 인간이 만들 수 있는 그 이상의 것을 경험하고 느끼고 있다는 표입니다. 우리가 만들어 낼 수 있고 너끈히 감당할 수 있는 상황 속에 있으면 울지 않습니다. 그것이 절망이든, 감동적이고 희망에 찬 환희든 간에 그렇습니다. 그래서 욥이 지르는 비명은, 인간이 할 수 있는 것을 넘어선 경험 앞에 터져 나오는 감탄사인 것입니다.

우리의 한계를 넘어서 있는 무엇과의 만남, 그것이 예술 작품을 통해 우리에게 감동을 주고 거부감을 주지 않는 것은 그 표현이 우회적이기 때문입니다. 꼭 집어서 이야기하는 대신, 인간의 한계와 함께 인간이 그 한계를 넘어선 존재라는 것을 그림의 감동으로, 음악의 선율로 느끼게 해 주기 때문입니다. 인간이 인간에 불과하면서도 인간 이상의 존재라는 것을 작품 속에서 누리는 것입니다. 음악이나 미술에서 또는 시에서 인간의 인간된 신비한 경이를 느끼는 것입니다.

그런데 기독교는 정답을 가졌다는 이유로 우회적이지 않고 직설적입니다. "지금 믿고 있습니까? 아니, 지옥 가도 좋단 말입니까?" 이렇게 몰아붙이니까 모두가 질색합니다. 욥기를 읽을 때도 시처럼 읽지 않고 "이게 왜 42장까지 있어? 4절이면 충분한데" 이렇게 반응합니다. 그러면 안 됩니다. 성경이 긴 분량을 할애해서 이 넋두리를 담고 있다는 사실을 명심하십시오. '나는 그늘이 없는 사람을 사랑하지 않는다'라는 말을 욥의 비탄을 통해 들려주는 것입니다.

그늘이 있다는 것은, 햇볕이 다만 밝고 뜨거운 광명과 열기로 그 역할을 다 드러내는 것이 아님을 보여 줍니다. 그늘은 무엇이 햇볕을 가로막고 있어서 생기는 것인데, 이 시에서 무엇은 나무입니다. 잎사귀가 무성한 나무의 그늘을 상상해 봅시다. 나뭇잎 사이로 반짝이는 햇살이 보이지 않습니까? 이 시에서 말하는 그늘은 큰 그림자를 드리울 만큼 울창한 나무를 전제합니다. 해는 자신의 광명정대함을 넘어 짙푸른 녹음을 드리워 그늘의 깊음을 가지는 데서 그 영광을 누립니다. 하나님의 자녀로 부름받아 결실되는 인간의 영광과 자랑은 늘 옳고 늘 밝고 늘 확실한 분명함 속에서보다 오히려 하나님이 우리로 더 깊이 고뇌하게 하시며 우리를 깨워 생각하게 하시며 흔들어 신음하게 하시어 자신의 한계 밖으로 떠밀리는 위기와 고난과 참을 수 없어 지르는 비명 속에서 더욱 아름답게 드러납니다. 그 속에서 녹음이 우거지듯, 하나님을 아는 지식의 깊이와 넓이가 더해진다고 욥기가 증언하고 있습니다.

욥이 서 있는 자리는 인간으로서는 이해할 수 없고 감당할 수 없는 자리였을 것입니다. 고흐가 지닌 광기 역시 자신의 한계 때문이었을 것입니다. 귀를 잘라 버리고 권총 자살로 삶을 마감하고 만 그의 자폭적인 광기가 예술 작품으로 승화될 수 있다는 것은 신비합니다. 그 간극을 무엇으로 뛰어넘었는지 우리는 알지 못합니다. 고흐의 그림은 그 자체로도 좋지만, 그림을 그린 화가를 생각하며 감상할 때면, 단지 그림만이 아닌, 경이로움을 발견한 한 존재를 만나게 됩니다. 우리와 손을 잡고 맞닿아 있는 보편적 인류의 존재에 관한 희망과 감회를 갖게 됩니다. 고흐가 그린 그림을 우리가 그릴 수는 없습니다. 하지만 그가 한 인간으로서 우리와 동일한 현실의 무게를 감당하지 못해 울부짖으며 자살로 생을 마감하기까지 겪었던 괴로움 속에서 눈부신 그림들을 그려 냈다는 점에서, 우리는 인류라는 이름으로 함께 정체성을 나누는 인간에 대한 경외감을 가지게 됩니다. 이것이 욥기입니다. 우리가 놀라는 것은 하나님이 하나님의 자녀라는 이름으로 우리를 불러 이 자리에 세우신다는 데에 있습니다. 바로 믿음으로 가는 자리입니다.

그늘에서 만나는 하나님의 부요하심

하나님은 위대하십니다. 모든 답보다 더 크고 더 깊은, 말하자면 부요함과 풍성함과 무한함이 마치 짙푸른 그늘 같습니다. 그늘은 다만 햇볕이 차단된 갇혀 있고 외면받는 곳이 아니라 무성함을 상징합니다.

그런데 우리가 이 그늘로 부름을 받으면 다들 펄쩍 뜁니다. 앞서 본 좋은 시를 읽으면서도 현실에서는 늘 환한 햇살 아래에만 있으려고 합니다. 해 아래, 백열등 아래 있는 것은 고문당할 때나 그러는 것입니다. 부채를 부치고 양산을 쓰는 것이 고급하고 멋스러운 모습이듯이, 하나님의 인도하심 속에서 우리 자신의 한계를 깨닫고 하나님이 그 한계 속에서 하나님의 하나님 되심을 우리에게 채우시는 경이를 보는 것이 부요하고 아름다운 일인 것입니다. 우리가 만들 수 없는 것을 만들게 하는 그 부르심, 하나님의 하나님다우심을 만나는 경이, 그리고 거기서 오는 고통을 만나는 것입니다. 어떤 고통일까요? 벅차서, 감당할 수 없어서 생기는 고통입니다. 하나님이 이 일을 포기하지 않으시며 대강 넘어가거나 타협하지 않으신다고 욥기는 말합니다. 우리는 모두 이 부르심 앞에 서 있습니다.

하나님의 자녀가 된다는 것은 우리 기대와 욕심과는 비교할 수 없는 일입니다. 세상이 만들 수 없는 사람이 되는 것입니다. 오죽하면 말씀으로 천지를 창조하신 하나님이 자기 아들을 보내 십자가에 못 박으심으로 이 문제를 푸셨겠습니까. 문제가 어려워서가 아닙니다. 하나님이 인간에게 목적하신 창조와 구원의 궁극적인 내용이 얼마나 큰 것이기에 당신이 피와 살을 내어 주시는 방법을 택하셨겠습니까. 인생이 고단할 때, 하나님이 외면하셔서 내가 길을 잃은 것이라고 생각하지 마십시오. 하나님은 눈동자와 같이 우리를 돌보고 계십니다. "여인이 어찌 그 젖 먹는 자식을 잊겠으며 자기 태에서 난 아들을 긍휼히 여기지 않겠느냐 그들은 혹시 잊을지라도 나는 너를 잊지 아니할 것이라"(사 49:15). 우리 자신이 하나님의 자녀로 사는 복된 인생인 줄 아는 기쁨이 있기를 바랍니다.

질문하기

1.

'서둘러 욥의 세 친구같이 된다'는 것은 무슨 뜻입니까?

2.

욥이 지르는 비명은 어떤 것입니까?

3.

신자에게 '부요하고 아름다운 일'이란 어떤 것인지 설명해 봅시다.

나누기

'큰 그림자를 드리울 만큼 울창한 나무' 같은 교우의 모습을 본 적이 있다면 나누어 봅시다.

질문과 답

01 · 고난_하나님의 흔드심

1. 욥기를 이해하는 데에 필요한, 중요한 전제는 무엇입니까?

욥은 자기의 고난에 대해 아무런 원인을 갖고 있지 않다는 것입니다. (10쪽)

2. 욥은 하나님의 이해 범주와 통치의 깊이를 어떻게 깨닫게 됩니까?

비명 속에서 깨닫게 됩니다. (13쪽)

3. 하나님은 욥이라는 한 인간에게 무엇을 걸고 계십니까?

하나님의 하나님 되심, 하나님의 명예. (15쪽)

02 · 고난_하나님의 일하심

1. 사탄이 하려는 일은 무엇입니까?

하나님과 우리를 갈라서게 하는 것입니다. (23쪽)

2. 욥에게 고난과 고통이 생기는 이유는 무엇입니까?

인간이 가진 특별한 가치 때문입니다. (25쪽)

3. 하나님이 당신이 두르신 울타리가 사탄에 의해 부서지는 것을 감수하신다는 것은 무엇을 의미합니까?

우리가 울타리 안에서 행복해하고 안심하는 정도로는 하나님이 만족하시지 않는다는 것입니다. (29쪽)

03 · 욥_어떡하란 말입니까

1. 욥의 아내가 맡은 역할은 무엇입니까?

보응의 원리로는 도저히 납득할 수 없는 현실을 마주하게 하는 것입니다. (35쪽)

2. '신앙의 사춘기'란 언제입니까?

순진한 신앙이 좋은 신앙이고 정성을 부으면 모든 것이 이뤄진다고 생각했던 것이 깨지는 시기입니다. (36, 37쪽)

3. 믿음의 법칙이 깨져서 겪게 되는 당황스러움은 왜 본인이 자초한 것입니까?

하나님은 그렇게 이야기하신 적이 없기 때문입니다. (38쪽)

04 · 엘리바스_도덕 질서가 전부다

1. 엘리바스는 어떤 원리를 주장합니까?

인과응보 즉 보응의 원리입니다. (46쪽)

2. 욥은 친구들이 충고하는 도덕 질서로는 무엇을 담아낼 수 없다고 계속 주장합니까?

자기가 겪고 있는 현실. (48쪽)

3. 엘리바스는 지혜와 우매를 판단의 잣대로 꺼내 놓으며 '이해가 되지 않을 때라도 하나님 앞에 순종해야 옳다'고 합니다. 여기서 어떤 문제가 생겨납니까?

인간의 모든 경험이 결국 순종하느냐 순종하지 않느냐에 달린 문제가 되어 버리는 것입니다. (51쪽)

05 · 욥_존귀한 인간에게 고통이 왔도다

1. 욥기에 나타난 신앙의 첫 번째 틀은 무엇입니까?

도덕 질서. (59쪽)

2. 어떠한 과정이 욥기의 가치이며, 괴롭지만 복된 일입니까?

자신이 가진 틀이 깨지는 과정. (61쪽)

3. 욥기에서 '사람이 무엇이기에'라는 표현은 한탄의 자리에서 쓰입니다. 이 표현이 시편 **8**편에서는 어떤 자리에서 쓰입니까?

경탄의 자리. (63쪽)

06 · 빌닷_전통에 승복하고 기다리라

1. 빌닷은 무엇에 근거하여 욥에게 충고합니까?

전통. (71쪽)

2. 선조들의 경험 속에서 나온 황금률, 금언, 지혜에 대해서 성경은 다양한 예를 제시하여 무엇을 말합니까?

그것들이 어느 시점에서 전통으로 굳어지고 또 그렇게 굳어지기 위하여 어떤 과정과 도전과 시험을 거치는지를 말합니다. (73쪽)

3. 하나님은 고정 관념을 깨는 사건들을 통해 무슨 일을 내내 하고 계십니까?

성경에 기록된 모든 사건이 우리 각자의 것이 되게 하는 일입니다. (75쪽)

07 • 욥_전통보다 크신 이가 있다

1. 오랜 전통이라는 것은 결국 어떻게 해야만 세워질 수 있는 것입니까?

많은 예외들에 의해서 도전을 받고 그 도전에 응답하여 깊이와 넓이와 무게를 지닐 때 세워질 수 있습니다. (83쪽)

2. 하나님이 우리에게 주신 법을 어떻게 이해해야 합니까?

법은 하나님이 기뻐하시는 당신의 속성 중 하나를 드러내는 도구일 뿐, 유일한 틀이 아니라고 이해해야 합니다. (86쪽)

3. 욥이 '믿음의 화신'으로 불리는 이유는 무엇입니까?

그가 법칙 아래 묶이지 않고 하나님을 계속 찾아 나갔기 때문입니다. (88쪽)

08 · 소발_네 잘못이나 돌아보라

1. 욥에게 '하나님이 더 크시지 않느냐. 아무려면 네가 생각하는 것을 하나님이 모르시겠느냐'라는 말로 권면한 친구는 누구입니까?

소발. (95쪽)

2. 회개란 무엇입니까?

자기가 아는 길, 자기가 확실하다고 여기는 길을 하나님에게 맡기는 것입니다. (96, 97쪽)

3. 현실을 신앙으로 담아내지 못하는 이유는 무엇입니까?

하나님이 누구신가에 대한 더 깊은 이해가 없기 때문입니다. (99쪽)

09 · 욥_옳은 것으로 답이 되지 않는다

1. 욥이 가진 분노는 어떤 것입니까?

'너희가 하는 말을 나도 아는데, 그것으로는 답이 안 되는 길로 내가 붙들려 가고 있다'는 것입니다. (104, 105쪽)

2. 욥은 어떠한 하나님을 만나게 됩니까?

외길로 이루어진 땅만이 아니라, 우리의 발바닥으로 밟는 땅 전부를 주시는 하나님입니다. (110쪽)

3. 욥의 인생에서 가장 큰 가치는 무엇입니까?

절망 속에서도 계속 하나님에게 묻는 것입니다. (110쪽)

10 · 욥_하나님은 하나님이셔야 합니다

1. 욥의 친구들은 어떠한 방식으로 쉽게 넘어가려고 합니까?

욥이 처한 상황을 그들이 아는 것으로 붙들어 매서 그들의 정당함을 확인하는 것입니다. (118쪽)

2. 답이 없기는 친구들이나 욥이나 마찬가지지만, 이들 간에는 차이가 있습니다. 어떤 차이입니까?

세 친구는 질문이 자기들에게서 나온 것이 아닌 반면, 욥은 자기에게서 나온 질문입니다. (119쪽)

3. 욥이 드디어 깨닫게 된 것은 무엇입니까?

한 인간이 고통을 면하고 명분을 얻는다고 할지라도 인간 됨의 가치를 스스로 만들어 낼 수 없다는 것입니다. (122쪽)

11 · 욥_나의 한계를 보았습니다

1. '서둘러 욥의 세 친구같이 된다'는 것은 무슨 뜻입니까?

빨리 답을 찾아 얼른 넘어가려고 하지, 지난한 과정을 겪어 내지 못하는 것입니다. (129쪽)

2. 욥이 지르는 비명은 어떤 것입니까?

인간이 할 수 있는 것을 넘어선 경험 앞에서 터져 나오는 감탄사입니다. (131쪽)

3. 신자에게 '부요하고 아름다운 일'이란 어떤 것인지 설명해 봅시다.

하나님의 인도하심 속에서 우리 자신의 한계를 깨닫고 하나님이 그 한계 속에서 하나님의 하나님 되심을 우리에게 채우시는 경이를 보는 것입니다. (133, 134쪽)